Go 풀스택 웹 개발

Go 풀스택 웹 개발

Go와 리액트, Gin, GopherJS을 사용한 풀스택 웹 프로그래밍

미나 안드라오스 지음 이우현 옮김

i!i
에이콘

나빌과 마르바트, 캐서린, 페이디
열렬한 지지와 끊임없는 응원을 보내준 가족에게 감사한다.

| 지은이 소개 |

미나 안드라오스^{Mina Andrawos}

개인 프로젝트와 실무를 통해 Go 프로그래밍에 많은 경험을 쌓은 엔지니어다. 정기적으로 Go 언어 관련 글과 튜토리얼을 집필하고 있고, Go 언어 기반 오픈소스 프로젝트에 참여한다. 다양한 Go 프로그램을 개발했으며 자바와 C#, C++, 파이썬에도 능숙하다. 소프트웨어 개발 외에도 스크럼 마스터링과 세일즈 엔지니어링, 소프트웨어 제품 관리 등의 분야에서 실무 경험을 쌓았다.

| 기술 감수자 소개 |

판카즈 카이르나르^{Pankaj Khairnar}

Scalent Infotech Pvt. Ltd.(Go 언어 전문 개발업체)의 창업자 겸 CEO다. 디지털 광고
와 IoT^{Internet of Things}, 전자상거래 등의 분야에서 12년 넘게 확장성 높은 플랫폼을
개발했다. 새로운 기술 탐구와 구현을 즐긴다.

내용을 검토하고 예제 코드의 테스트를 도와준 아난트 하랄(Anant Haral)에게 감사의
말을 전한다.

| 옮긴이 소개 |

이우현(owen.left@gmail.com)

위스콘신대학교 매디슨과 서울대학교에서 컴퓨터 공학 학사와 석사 학위를 취득했다. 번역서로는 『그들은 어떻게 최고의 정치학자가 되었나』(후마니타스, 2012), 『고성능 파이썬 프로그래밍』(에이콘, 2016), 『파이썬 디자인 패턴 2/e』(에이콘, 2018)이 있다.

| 옮긴이의 말 |

풀스택 개발이란 프론트엔드와 백엔드를 넘나드는 개발을 일컫는다. 풀스택 개발자는 시스템 설계 및 개발과 서비스에 관련된 모든 부분과 사람을 상대하는 직업이다. 특히 다양한 프레임워크가 끊임없이 쏟아져 나오고 개발 트렌드가 빠르게 변화하는 웹 프로그래밍 분야에서 풀스택 개발자는 막중한 책임과 임무를 지닌 직책이다. 안정되고 검증된 기존 기술을 고집하는 개발자가 있는 반면 트렌드에 따라 새로운 기술을 끊임없이 시도하는 개발자가 있다. 좋고 나쁨을 따질 수 없는 개발자의 성향이자 소속된 집단의 개발 철학과 방향성에 따라 다르다고 생각한다. 굳이 나누자면 이 책은 후자에 속하는 개발자에게 적합하다.

이 책은 Go 언어와 리액트 기반의 풀스택 웹 프로그래밍 가이드다. Go 언어는 2009년에 구글이 공개한 언어이고, 리액트는 2013년에 페이스북이 공개한 자바스크립트 기반의 프론트엔드 라이브러리다. 비교적 최신 기술로 구분되는 이 두 기술을 사용해 백엔드와 프론트엔드 영역을 명확히 구분해서 웹 서비스를 개발하는 방법을 소개한다. Go 언어와 리액트를 사용하지만 모든 프로그래밍 언어에서 공통적인 프로그래밍 개념을 설명하고 웹 서비스를 처음부터 함께 구현한다. 예제 코드를 직접 작성해보면 풀스택 개발의 의미와 단계를 직접 파악할 수 있을 것이다. 이미 숙련된 풀스택 개발자라면 기본 개념을 되새기고 새로운 기술을 접하는 기회가 될 것이고, 풀스택 개발을 공부 중인 독자라면 웹 서비스를 직접 완성해보는 값진 경험이 될 것이다. 다만 다른 프로그래밍 이론서와 Go 언어 입문서를 먼저 정독한 후 이 책을 볼 것을 권장한다. 각 주제와 예제 코드를 자세히 설명하기보다는 개념을 이해한다고 가정하고 키워드와 방향을 제시하기 때문이다. 따라서 이 책에서 끝나지 않고 각 주제를 더 깊이 있게 공부하기를 권한다. 특히 동시성 프로그래밍과 동형 프로그래밍은 어렵지만 흥미로운 주제다. 『Go 동시성 프로그래밍』(에이콘, 2019)과 『동형 자바스크립트 웹 개발』(에이콘, 2018) 같이 해당 주제를 집중적으로 다루는 다른 도서를 꼭 참고하기를 바란다. 끊임없는 공부와 연구가 풀스택 개발의 진정한 의미라고 확신한다.

| 차례 |

1부   Go 언어

1장   풀스택 Go   29

2장   Go 언어의 구성 요소   35

2부   프론트엔드

3부 Go 웹 API와 미들웨어

| 들어가며 |

웹 애플리케이션 개발에서 Go 언어 사용이 급격히 늘고 있다. 높은 성능과 쉬운 개발을 자랑하는 Go 언어 기반의 확장성 높은 고성능 웹 서비스와 애플리케이션을 개발할 수 있는 다양한 오픈소스 프레임워크가 있다.

이 책은 Go 언어 기반의 풀스택 프로그래밍의 여러 측면을 소개하는 안내서로, 온라인 악기 쇼핑몰 웹 사이트를 단계적으로 개발한다. 이해하기 쉬운 설명과 다양한 예제로 구성했으며, Go 언어의 기본 개념뿐만 아니라 동시성의 설명을 시작으로 Go 프로그래밍을 소개한다. 리액트 프레임워크를 사용해 애플리케이션의 프론트엔드를 개발하고 웹 API 개발에 유용한 Gin 프레임워크를 기반으로 RESTful 웹 API를 구현한다. ORM$^{Object\text{-}Relational\ Mapping}$을 사용한 데이터베이스 연결과 웹 서비스 라우팅 정의, 보안 통신, 스트라이프 API를 사용한 신용카드 결제 처리 등의 중요한 소프트웨어 백엔드 기술도 살펴본다. 나아가 운영 환경에서 애플리케이션을 효율적으로 벤치마킹하는 방법을 알아보고, GopherJS를 사용해 동형 Go 프로그래밍을 실습한다. 이 책을 읽고 나면 Go 언어 기반의 풀스택 웹 애플리케이션 개발에 익숙해질 것이다.

▌ 이 책의 대상 독자

Go 언어 기반의 풀스택 웹 애플리케이션 개발을 처음 시작하는 개발자를 위한 책이다.

▌ 이 책의 구성

1장, 풀스택 Go에서는 이 책에서 다루는 주제를 살펴보고, 개발할 애플리케이션의 구조도 알아본다. 이 책에서 무엇을 배울지 전반적으로 소개한다.

2장, Go 언어의 구성 요소에서는 Go 언어 기반의 애플리케이션을 만드는 데 반드시 필요한 기본 개념을 설명한다. Go 언어의 변수 선언문과 조건문, 루프, 함수 등을 살펴본다. 자료 구조를 정의하고 메서드에서 사용하는 방법도 설명한다. 나아가 프로그램의 행위를 정의하는 인터페이스를 작성하는 방법도 알아본다.

3장, Go 동시성 프로그래밍에서는 Go 언어의 동시성을 설명한다. Go 언어가 지원하는 고루틴과 채널, select문 등을 알아보고 효율적인 동시성 프로그램 개발에 반드시 필요한 잠금과 대기 그룹^{wait group}의 개념도 배운다.

4장, 리액트와 프론트엔드 개발에서는 인기 있는 React.js 프레임워크의 구성 요소를 설명한다. 리액트 프레임워크의 핵심 요소인 리액트 컴포넌트를 살펴본다. 나아가 컴포넌트로 데이터를 전달하는 방법과 상태를 제어하는 방법, 리액트 개발 툴을 사용하는 방법을 배운다.

5장, GoMusic 프론트엔드 개발에서는 앞에서 학습한 내용을 바탕으로 GoMusic 애플리케이션의 프론트엔드를 구현한다. GoMusic에 필요한 리액트 컴포넌트를 만들고 개발 툴을 사용해 프론트엔드를 수정한다. 프론트엔드의 대부분을 구현한다.

6장, Gin 프레임워크 기반 Go RESTful 웹 API에서는 Gin 프레임워크와 RESTful 웹 API를 소개한다. Gin 프레임워크의 개념과 구성 요소를 알아보고 이를 사용해 웹 API를 작성한다. HTTP 요청 라우팅과 그룹핑의 개념도 알아본다.

7장, Gin과 리액트 기반 고급 웹 애플리케이션에서는 Gin 프레임워크와 웹 API의 심도 있는 주제를 설명한다. 미들웨어 사용과 사용자 인증, 로깅, 모델 바인딩 검증 등의 중요하고 실용적인 주제를 다룬다. ORM의 개념과 Go ORM을 사용해 웹 API 백엔드와 MySQL을 연결하는 방법을 학습한다. 앞에서 작성한 리액트 프론트엔드의 구현을 마무리하고 Go 백엔드와 연결하는 방법을 다룬다. 나아가 리액트 애플리케이션을 빌드하고 배포하는 방법을 알아본다.

8장, 웹 API 테스트와 벤치마킹에서는 Go 애플리케이션을 테스트하고 벤치마킹하는 방법을 설명한다. 유닛 테스트를 작성할 때 사용하는 testing 패키지가 제공하는 타입과 메서드를 살펴본다. 이를 기반으로 앞서 작성한 코드를 벤치마킹하고 성능을 측정한다.

9장, GopherJS와 동형 Go 프로그래밍 소개에서는 프론트엔드를 Go 언어로 작성할 수 있도록 Go 코드를 자바스크립트 코드로 트랜스파일하는 GopherJS 오픈소스 프로젝트를 소개한다. 자바스크립트 대신 Go 언어로 프론트엔드를 구현해야 한다면 GopherJS를 권한다. GopherJS의 개념과 몇 가지 예제와 사용 사례를 살펴보고, 나아가 GopherJS를 사용해 간단한 리액트 애플리케이션을 구현한다.

10장, 클라우드 네이티브 애플리케이션과 리액트 네이티브 프레임워크에서는 이 책 이후에 나아갈 학습 방향을 제시한다. 클라우드 네이티브 아키텍처와 컨테이너의 개념과 리액트 네이티브를 사용한 모바일 앱 개발을 소개한다.

▌ 이 책의 활용 방법

이 책을 최대한 활용하는 가장 좋은 방법은 장을 순서대로 읽는 것이다. 내용을 읽고 코드 예제를 직접 구현하는 것을 권한다. 대부분의 장에는 해당 장의 코드가 작동하는 데 필요한 도구와 소프트웨어가 간략하게 설명돼 있다. 모든 코드는 깃허브^{GitHub} 저장소에서 확인할 수 있다.

▌ 예제 코드 다운로드

이 책에서 사용된 예제 코드는 http://www.packtpub.com/support를 방문해 이메일을 등록하면 파일을 직접 받을 수 있으며, 이 링크를 통해 원서의 Errata도 확인할 수 있다.

또한 깃허브 https://github.com/PacktPublishing/Hands-On-Full-Stack-Development-with-Go에서 다운로드할 수 있으며, 에이콘출판사의 도서정보 페이지인 http://www.acornpub.co.kr/book/fullstack-go에서도 동일한 예제 코드를 다운로드할 수 있다.

컬러 이미지 다운로드

이 책에서 사용된 스크린샷/다이어그램의 컬러 이미지를 포함하고 있는 PDF 파일을 제공한다. 컬러 이미지를 보면 내용을 이해하는 데 도움이 될 것이다. https://www.packtpub.com/sites/default/files/downloads/9781789130751_ColorImages.pdf에서 해당 파일을 다운로드할 수 있다. 또한 에이콘출판사의 도서정보 페이지인 http://www.acornpub.co.kr/book/fullstack-go에서도 다운로드할 수 있다.

▌ 편집 규약

이 책에는 몇 가지 유형의 텍스트가 사용된다.

텍스트 안의 코드: 텍스트 내에 코드가 포함된 유형으로, 데이터베이스 테이블 이름, 사용자 입력란 등이 이에 포함된다. 예를 들어 다음과 같다.

"또한 슬라이스, `panic`과 `defer`처럼 Go와 관련된 몇 가지 개념도 다룬다."

코드 블록은 다음과 같이 표시한다.

```
package mypackage
```

코드 블록의 특정 부분에 주의를 기울여야 할 때 관련 행이나 항목을 굵게 표시한다.

```
type Student struct{
    Person
    studentId int
}

func (s Student) GetStudentID()int{
    return s.studentId
}
```

커맨드라인 입력이나 출력은 다음과 같이 표시한다.

```
go install
```

새로운 용어와 중요한 단어는 고딕체로 표시한다. 메뉴 또는 대화상자와 같이 화면에 표시되는 단어는 본문에 다음과 같이 표시한다.

"제공된 값에서 변수 유형을 유추하기 때문에 **유형 유추**라고 한다."

 경고나 중요한 노트는 이와 같이 나타낸다.

 팁이나 요령은 이와 같이 나타낸다.

▌ 독자 의견

독자 의견은 언제나 환영한다.

오탈자: 내용의 정확성을 위해 모든 노력을 기울였음에도 오류가 있을 수 있다. 이 책에서 잘못된 것을 발견하고 전달해준다면 매우 감사할 것이다. http://www.packtpub.com/submit-errata에서 해당 책을 선택하고 Errata Submission Form 링크를 클릭한 다음 발견한 오류 내용을 입력하면 된다. 한국어판의 정오표는 에이콘출판사의 도서정보 페이지 http://www.acornpub.co.kr/book/fullstack-go에서 볼 수 있다.

저작권 침해: 어떤 형태로든 불법 복제물을 인터넷에서 발견한다면 적절한 조치를 취할 수 있도록 해당 주소나 사이트명을 알려주길 바란다. 의심되는 불법 복제물의 링크는 copyright@packtpub.com으로 보내주길 바란다.

질문: 이 책과 관련해 질문이 있다면 questions@packtpub.com으로 문의하길 바란다. 한국어판에 관한 질문은 에이콘출판사 편집 팀(editor@acornpub.co.kr)이나 옮긴이의 이메일로 문의하길 바란다.

Go 언어

1부는 Go 언어의 기본 개념을 설명한다. Go 언어 기반의 효율적인 소프트웨어를 개발하는 데 필요한 내용을 배우게 될 것이다.

1부는 다음과 같이 세 개의 장으로 구성된다.

- 1장. 풀스택 Go
- 2장. Go 언어의 구성 요소
- 3장. Go 동시성

01

풀스택 Go

이 책은 Go 언어로 풀스택^{full stack} 웹 애플리케이션을 개발하는 쉽고 효율적인 방법을 소개한다. Go 언어를 사용해 확장성 높고 실용적인 풀스택 웹 애플리케이션을 개발할 수 있기 때문에 좋은 경험이 될 것이다. Go 언어는 상대적으로 쉽지만 성능도 우수한 언어로 인정받고 있다. 또한 데이터와 사용자가 급격히 증가해도 애플리케이션을 확장하는 데 큰 문제가 없다.

풀스택 개발자는 빠르고 효율적으로 소프트웨어를 개발할 수 있다는 점에서 스타트업의 원동력이다. 풀스택 개발자는 보통 기업의 핵심 인물이나 주제 전문가^{SME,} ^{Subject-Matter Expert}로서 유저 인터페이스에서 백엔드까지 전체 시스템을 설계한다. 풀스택 웹 프로그래밍을 배워두면 주말 동안 아이디어를 빠르게 구현하는 데도 많은 도움이 될 것이다.

1장에서 다루는 내용은 다음과 같다.

- 풀스택 개발이란?
- 프로젝트
- 개요와 요약

▌풀스택 개발이란?

우선 풀스택 개발자가 된다는 것이 어떤 의미인지 생각해보자. 풀스택 개발자란 애플리케이션의 프론트엔드와 백엔드를 모두 개발할 수 있는 소프트웨어 엔지니어다.

웹 애플리케이션의 프론트엔드는 유저 인터페이스와 관련된 모든 부분이다. HTML과 CSS, 자바스크립트Javascript 등이 유저 인터페이스 개발에 사용되고, 사용자의 접속기기에 따라 다른 프론트엔드를 지원해야 한다. 예를 들어 모바일 기기는 제한적인 화면 크기를 지원하고자 데스크톱과는 다른 규칙을 적용해야 한다.

웹 애플리케이션의 백엔드는 프론트엔드와 통신하는 여러 소프트웨어 레이어로 구성되며 다양한 기능을 수행한다. 데이터베이스와 보안, 사용자 요청 처리, API 등의 레이어가 있다. 백엔드는 어떤 언어로도 개발할 수 있지만, 이 책에서는 Go 언어를 사용한다.

▌프로젝트

이 책에서는 풀스택 웹 애플리케이션을 처음부터 함께 구현한다. React.js와 Go 언어를 사용해 GoMusic 온라인 악기 쇼핑몰을 구현한다. GoMusic의 메인 화면 구성은 다음과 같다.

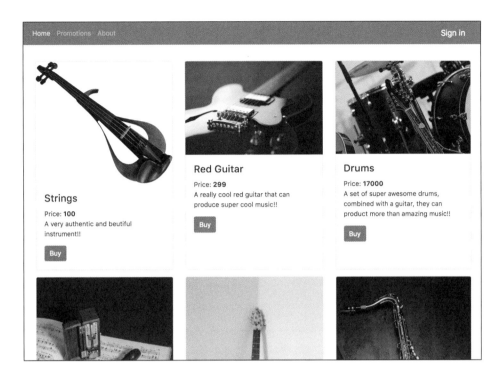

사용자는 악기를 검색하고 신용카드로 결제하거나 구매 내역을 조회한다.

애플리케이션의 구조부터 살펴보자.

애플리케이션 구조

애플리케이션 구조는 매우 단순하다. 프론트엔드는 React.js 프레임워크를 사용하고, 백엔드는 Gin 프레임워크를 기반으로 한다. Go 언어에서 많이 쓰이는 ORM^{Object-Relational Mapping} 레이어, GORM^{Go Object-Relational Mapping} 패키지를 사용한다.

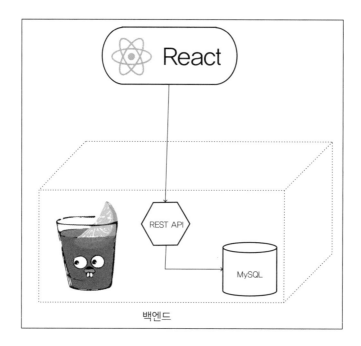

프론트엔드부터 백엔드까지 코드를 처음부터 작성한다. 이 과정에서 UI와 RESTful API, 보안 통신, ORM, 신용카드 결제, 테스트, 벤치마킹 등의 최신 웹 애플리케이션 개발에서 중요한 주제를 설명한다.

예제 코드를 작성하면서 각 주제를 자세히 알아보자. 시작하기 전에 각 장에서 다루는 내용을 간략하게 살펴보자.

▌이 책의 구성

이 책은 풀스택 개발자로서 반드시 숙지해야 하는 중요한 기술을 소개한다.

- '2장, Go 언어의 기본 구성 요소', '3장, Go 동시성 프로그래밍'에서는 Go 언어의 기본을 설명한다. 언어의 핵심 기능과 몇 가지 유용한 디자인 패턴을 소개한다.

- '4장, React.js 기반 프론트엔드 개발', '5장, GoMusic 프론트엔드 개발'에서는 React.js 기반 인터렉티브 프론트엔드를 개발하는 방법을 소개한다. GoMusic 웹 애플리케이션 개발의 첫 단계다. React.js의 구조와 디자인 패턴, 최선의 사용 방법을 소개한다. 프론트엔드 코드의 대부분은 4장과 5장에서 작성하지만 이 책의 주제에서 벗어나는 자바스크립트 문법과 원리는 설명하지 않는다. 모든 코드는 깃허브 저장소에서 확인할 수 있다.

- '6장, Go 언어와 Gin 프레임워크 기반 RESTful 웹 API 개발', '7장, Gin 프레임워크와 리액트 기반 고급 웹 프로그래밍'에서는 Gin 프레임워크 기반의 백엔드를 구현하는 방법을 소개한다. RESTful API와 ORM, 웹 보안 등의 개념도 알아본다.

- '8장, 웹 API 테스트와 벤치마킹'에서는 앞 장에서 작성한 Go 코드를 테스트하고 벤치마킹하는 방법과 실제 적용 사례를 소개한다.

- '9장, GopherJS와 동형 Go 프로그래밍'에서는 동형^{isomorphic} Go 웹 프로그래밍의 개념을 알아본다. 동형 Go 프로그래밍이란 프론트엔드와 백엔드를 모두 Go 언어로 개발하는 방식이다. 여기서는 GopherJS 프레임워크를 사용한다. 9장은 GoMusic 개발과는 무관한 독립적인 내용을 다룬다. 동형 Go 프로그래밍으로 리액트 애플리케이션을 개발하는 방법을 소개한다.

- '10장, 클라우드 네이티브 애플리케이션과 리액트 네이티브'에서는 앞에서 소개한 내용에 추가로 풀스택 개발자라면 반드시 알아야 하는 중요한 기술을 소개한다.

풀스택 개발 여정을 시작하자!

Go 언어의 구성 요소

2장에서는 Go 언어 기반 풀스택 개발에 필요한 기본 개념을 설명한다. Go 언어에 익숙하지 않은 독자를 위한 내용이므로 이미 능숙한 개발자는 넘어가도 좋다. Go 언어의 기본 구성 요소를 실용적인 측면에서 쉽게 설명한다. 함수와 루프 등의 일반적인 프로그래밍 개념 외에 슬라이스^{slice}와 panic, defer 같은 Go 특유의 기능도 소개한다. 변수와 함수, 루프, 조건 연산자 같은 기본적인 프로그래밍 개념을 이미 이해하고 터미널 사용법과 커맨드라인 개발 환경에 익숙하다고 가정한다.

참고로 Go 언어 기초 학습 자료는 tour.golang.org에 정리돼 있다.

2장에서 다루는 내용은 다음과 같다.

- 기본 개념: 패키지, 변수, 자료형, 포인터
- 함수와 클로저^{closure}
- 조건 연산자와 반복문
- panic, recover, defer
- Go 자료 구조
- Go 인터페이스

▌ 개발 환경 설정

2장을 따라 하려면 다음 중 하나를 수행한다.

- play.golang.org에 접속해 코드를 온라인상에서 바로 실행하고 테스트한다.
- Go 언어와 IDE를 다운로드한다.

아직 Go 언어를 개발 환경에 설치하지 않았다면 https://golang.org/dl/에서 사용하는 운영체제에 맞는 버전을 다운로드하고 설치한다.

필자는 비주얼 스튜디오 코드(https://code.visualstudio.com)와 Go 플러그인(https://code.visualstudio.com/docs/languages/go) 조합을 선호한다.

Go 플레이그라운드

Go 플레이그라운드는 Go 코드를 온라인에서 테스트할 수 있는 유용한 웹 사이트다. play.golang.org에 접속하면 간단한 코드는 빠르게 테스트할 수 있다.

Go 워크스페이스 설정

Go 코드를 작성하기 전에 워크스페이스부터 설정한다. Go 워크스페이스는 프로젝트의 모든 소스코드를 저장할 폴더다. Go 워크스페이스 설정은 매우 간단하다. 다음 절차대로 설정한다.

1. https://golang.org/dl/에서 Go를 다운로드하고 설치한다.
2. 설치가 끝났으면 워크스페이스로 설정할 폴더를 생성한다.
   이 책에서는 GoProjects 폴더를 사용한다.
3. 워크스페이스 폴더 안에 3개의 폴더 src, pkg, bin을 생성한다. 폴더명은 절대 변경할 수 없다. 각 폴더의 역할은 다음과 같다.
   - src 폴더에 모든 소스코드를 저장한다. 새로운 프로그램을 작성할 경우 src 폴더 안에 프로그램 이름으로 새 폴더를 생성한다.
   - pkg 폴더에는 컴파일된 패키지 파일을 저장한다.
   - bin 폴더에는 Go 프로그램의 바이너리를 저장한다.
4. 환경 변수를 설정한다.
   - 첫 번째 변수 GoRoot는 Go의 설치 경로를 가리킨다. Go 기본 설치 시 자동으로 설정되지만 다른 경로에 설치했다면 직접 설정해야 한다.
   - 두 번째 변수 GoPath는 현재 작업 중인 Go 워크스페이스 폴더의 경로를 가리킨다. 설정하지 않았을 경우 유닉스에서는 $HOME/go, 윈도우에서는 %USERPROFILE%\go 폴더로 기본 설정된다. https://github.com/golang/go/wiki/SettingGOPATH에 운영체제별로 GoPath를 설정하는 방법이 나와 있다.

개발 환경 설정을 완료했으면 Go 언어와 함께 설치된 툴을 사용해 Go 프로그램을 컴파일하고 실행할 수 있다.

이제 Go 언어의 기본 구성 요소를 알아보자.

▌패키지와 변수, 자료형, 포인터

패키지와 변수, 자료형, 포인터는 Go 언어의 기본 구성 요소다. 개발 측면에서 하나씩 살펴보자.

패키지

Go 프로그램은 한 개 이상의 패키지로 구성된다. 각 패키지는 한 개 이상의 Go 소스 파일을 포함하는 폴더이며, 모든 Go 파일은 패키지에 속한다. 패키지 폴더는 워크스페이스의 src 폴더 하위에 위치한다.

패키지 이름은 다음과 같이 모든 Go 파일의 최상단에 선언한다.

```
package mypackage
```

해당 Go 파일은 **mypackage**라는 패키지에 속한다. Go 언어에서 패키지 이름은 일반적으로 소문자로 선언하고 패키지의 폴더명은 패키지 이름과 동일하게 지정하는 것이 바람직하다. 새로운 패키지를 추가할 경우 패키지 이름으로 새 폴더를 만들고 관련된 파일을 해당 폴더 안에 저장하면 된다.

import 키워드를 사용해 패키지를 임포트할 수 있다. 예를 들어 표준 출력(콘솔 화면에 출력) 함수를 제공하는 대표적인 Go 언어의 표준 라이브러리인 **fmt** 패키지는 다음과 같이 임포트한다.

```
package mypackage
import "fmt"
```

패키지는 다른 패키지 폴더 안에 존재할 수도 있다. 예를 들어 난수를 생성하는 rand 패키지는 math 패키지 폴더 안에 존재한다. 이런 패키지는 다음과 같이 임포트한다.

```
import "math/rand"
```

다음과 같이 한 번에 여러 패키지를 임포트할 수도 있다.

```
import (
    "fmt"
    "math/rand"
)
```

Go 언어는 코드를 간결하고 깔끔하게 유지하고자 사용하지 않는 패키지를 임포트하는 것을 허용하지 않는다. 하지만 임포트한 패키지를 직접적으로 사용하지 않는 경우도 있다. 이 부분은 나중에 자세히 설명하겠다. 일단 이런 경우 해당 패키지이름 앞에 밑줄을 붙인다는 점은 알아두자.

```
import (
    "database/sql"
    _ "github.com/go-sql-driver/mysql"
)
```

가장 많이 사용되는 패키지는 main이다. Go 프로그램에서 첫 번째로 실행되는 패키지다.

Go 프로그램을 컴파일하려면 콘솔에서 main 패키지 경로로 이동한 후 다음 명령어를 실행한다.

```
go install
```

컴파일이 완료되면 바이너리는 워크스페이스의 bin 폴더에 생성된다.

다음 명령어를 실행해도 컴파일된다.

```
go build
```

위 명령어는 바이너리를 현재 폴더에 생성한다.

다음과 같이 바이너리 파일명과 경로를 직접 설정할 수도 있다.

```
go build -o ./output/myexecutable.exe
```

위 명령어는 myexecutable.exe라는 실행 파일을 지정한 폴더에 생성한다. 윈도우 운영체제 환경이 아닐 경우 위 명령어에서 exe 확장자는 생략해도 된다.

변수와 자료형

변수는 Go 언어의 또 다른 기본 구성 요소다. 다음과 같이 var 키워드를 사용해 변수를 선언한다.

```
var s string
```

string은 자료형을 나타낸다. 여러 문자열 변수를 한 번에 선언할 수도 있다.

```
var s1,s2,s3 string
```

변수의 초깃값을 설정하는 몇 가지 방법이 있다. 첫 번째로 다음과 같이 자료형을 지정하는 동시에 변수를 초기화할 수 있다.

```
var s1,s2,s3 string = "first-string", "second-string", "third-string"
```

두 번째 방법은 자료형을 지정하지 않고 변수를 초기화한다.

```
var s1,s2,s3 = "first-string", "second-string", "third-string"
```

다음과 같이 자료형이 다른 변수를 동시에 초기화할 수도 있다.

```
var s,i,f = "mystring",12,14.53
```

일반적으로 다음과 같이 여러 변수를 동시에 선언 및 초기화한다.

```
var (
    s = "mystring"
    i = 12
    f = 14.53
)
```

함수 안에서 변수를 선언하고 초기화할 때는 **var** 키워드 대신 :=를 사용한다. 이는 할당한 값에서 해당 변수의 자료형을 추론하므로 **타입 추론**type inference이라고 한다. 다음과 같이 s, i, f 변수를 타입 추론을 통해 선언하고 초기화한다.

```
s := "mystring"
i := 12
f :=14.53
```

var 키워드는 자료형을 직접 명시할 수 있어서 더 유용하다.

이제 Go 언어의 기본 자료형을 살펴보자. Go 언어에서 사용할 수 있는 자료형은 다른 정적 타입 언어와 유사하다. Go 언어의 기본 자료형은 다음과 같다.

자료형	설명
bool	불리언(true 또는 false)
string	문자열은 byte형의 조합이며, 문자를 저장한다. 불변(immutable) 타입이기 때문에 문자를 삭제하거나 추가하면 실제로 새로운 문자열을 생성하는 것과 같다.
int, int8, int16, int32, int64	부호 있는 정수형. 양의 정수나 음의 정수를 표현한다. 이름에서 알 수 있듯이 저장할 수 있는 최대 비트 수를 선택할 수 있다. 일반 int형은 시스템 환경에 해당하는 비트 수를 선택한다. 대부분의 최신 CPU는 64비트, 구형이나 소형 CPU는 32비트를 선택한다.
uint, uint8, uint16, uint32, uint64, uintptr	부호가 없는 정수형. 양의 정수만 표현할 수 있다. 부호가 없다는 것 외에는 부호가 있는 정수형과 비슷하다. uintptr은 메모리 주소를 저장할 수 있는 크기의 부호가 없는 정수형이다.
byte	uint8과 같다. 크기는 바이트를 나타내는 8비트다.
rune	int32와 같다. 보통 유니코드(Unicode) 문자를 나타내려고 사용한다.
float32, float64	실수를 저장한다. float32의 최대 32비트까지 저장할 수 있어 작은 수에 적합하다. float64는 64비트까지 저장할 수 있어 큰 수에 적합하다.
complex64, complex128	복잡한 수학 연산에서 주로 사용되는 복소수(complex number)를 저장한다. complex64는 float32 크기의 실수부와 허수부로 구성된 복소수를 나타낸다. complex128은 float64 크기의 실수부와 허수부로 구성된다.

초깃값이 없는 변수는 자료형에 따라 다른 제로 값$^{\text{zero value}}$이 할당된다. 자료형별 제로 값은 다음과 같다.

자료형	제로 값
숫자형	0
불리언 자료형	false
문자형	""
포인터	nil

포인터

포인트의 개념은 간단하다. 포인터는 값이 저장된 메모리 주소를 나타내는 자료형이다. Go에서 포인터는 프로그래머가 애용하는 유용한 기능이다. 포인터를 사용해 변수의 값을 복사하지 않고 메모리에 있는 실제 값을 참조할 수 있다.

포인터는 자료형 앞에 * 연산자를 붙여 선언한다. int형의 포인터는 다음과 같이 선언한다.

```
var iptr *int
```

앞서 설명했듯이 포인터의 제로 값은 nil이다. nil은 자바의 null과 비슷하다. nil 포인터를 참조하면 에러가 발생한다.

다음과 같이 int형 변수 x를 초기화한다.

```
var x int = 5
```

x의 메모리 주소를 가리키는 포인터를 선언한다.

```
var xptr = &x
```

여기서 & 연산자는 x의 주소를 의미한다. 변수 앞에 & 연산자를 붙이면 해당 변수의 메모리 주소를 반환한다.

포인터가 가리키는 주소에 저장된 값을 얻는 행위를 **역참조**^{de-referencing}라고 한다.

```
y := *xptr
```

xptr 포인터가 가리키는 주소에 저장된 값을 역참조하고 y 변수에 저장한다.

포인터가 가리키는 값을 바꿀 때도 다음과 같이 역참조를 사용한다.

```
*xptr = 4
```

이 정도면 Go 포인터를 사용하기에 충분한 지식이다.

C와 C++ 언어의 포인터를 사용해본 독자라면 포인터 연산에 익숙할 것이다. 포인터 값을 더하거나 빼는 포인터 연산을 통해 원하는 메모리 주소로 이동할 수 있다. Go는 위 예제와 같은 일반 포인터의 포인터 연산은 지원하지 않는다. unsafe 패키지를 사용하면 가능하지만 꼭 필요할 경우에만 사용하는 것이 좋다.

다음은 함수와 클로저를 살펴보자.

▌함수와 클로저

이제 함수와 클로저를 알아보자. 함수는 코드의 기능을 정의하는 모든 프로그래밍 언어의 주요 구성 요소다.

함수의 기본 구조부터 알아보자.

함수: 기본 구조

Go의 함수는 다음과 같이 정의한다.

```
func main(){
    // 함수 구현
}
```

main 함수는 Go 프로그램에서 가장 먼저 실행되는 함수다. 프로그램의 진입 패키지인 main 패키지에 속한다.

매개변수가 있는 함수는 다음과 같이 정의한다.

```go
func add(a int, b int){
    // a+b
}
```

a와 b는 자료형이 같으므로 아래와 같이 정의해도 된다.

```go
func add(a,b int){
    // a+b
}
```

반환하는 값이 있다면 다음과 같이 정의한다.

```go
func add(a,b int)int{
    return a+b
}
```

다중 반환도 지원한다.

```go
func addSubtract(a,b int)(int,int){
    return a+b,a-b
}
```

나아가 네임드 리턴[named return]이라는 개념이 있다. 반환하는 값을 미리 함수의 헤더에 정의하는 방식이다.

```
func addSubtract(a,b int)(add,sub int){
    add = a+b
    sub = a-b
    return
}
```

Go 언어에서 함수는 일급[first-class] 함수다. 다음과 같이 함수를 변수에 바인드하고 값처럼 사용할 수 있다.

```
var adder = func(a,b int)int{
    return a+b
}
var subtractor = func(a,b int) int{
    return a-b
}
var addResult = adder(3,2)
var subResult = subtractor(3,2)
```

함수를 다른 함수의 매개변수로 사용할 수도 있다.

```
func execute(op func(int,int)int, a,b int) int{
    return op(a,b)
}
```

다음과 같이 execute 함수를 사용해 adder 함수를 호출한다.

```
var adder = func(a, b int) int {
    return a + b
}
execute(adder,3,2)
```

가변 함수variadic function도 지원한다. 가변 함수는 매개변수의 개수가 정해지지 않은 함수다. `infiniteAdder` 함수는 `int`형 매개변수를 모두 더한다.

```go
func infiniteAdder(inputs ...int) (sum int) {
    for _, v := range inputs {
        sum += v
    }
    return
}
```

위 함수는 임의의 개수의 `int`형 매개변수의 총합을 반환한다. `for..range` 구문은 조건문과 반복문 절에서 자세히 설명한다. 위 함수는 다음과 같이 호출한다.

```go
infiniteAdder(1,2,2,2) // 1 + 2 + 2 + 2
```

다음 절에서는 다른 패키지의 함수를 호출하는 방법을 설명한다.

함수: 다른 패키지 함수 호출

앞서 패키지의 개념과 Go 프로그램이 여러 개의 연결된 패키지로 구성된다는 것을 설명했다. 그렇다면 패키지는 어떻게 연결할 수 있을까? 다른 패키지에 정의된 함수를 호출하거나 타입을 사용해 연결할 수 있다. 패키지에 정의된 함수를 어떻게 다른 패키지와 공유할 수 있을까?

Go 언어에는 대부분의 정적 타입 언어에서 지원하는 private과 public 접근 제어자가 없다. 대신 public 함수의 이름은 대문자로 시작해야 한다. 이런 함수는 익스포트된exported 함수라고 부르며, 소문자로 시작하는 함수는 패키지 내에서만 접근할 수 있는 보이지 않는unexpected 상태라고 한다.

예제를 살펴보면서 이 개념을 정확히 이해해보자. adder 패키지에는 Add 함수가
있다.

```
package adder

func Add(a,b int)int {
    return a+b
}
```

다음과 같이 다른 패키지에서 Add 함수를 호출한다.

```
package main

// adder 패키지 임포트
import "adder"

func main() {
    result := adder.Add(4, 3)
    // result 변수 사용
}
```

adder 패키지의 익스포트된 Add 함수를 main 패키지의 main 함수에서 호출하는 위
예제의 실행 순서는 다음과 같다.

- import 구문으로 adder 패키지를 임포트한다.
- main 함수에서 adder.Add(..)를 호출한다.

위 예제처럼 익스포트된 함수는 다음 구문으로 호출한다.

```
<패키지 이름>.<함수명>
```

adder 패키지에서 함수명을 Add에서 add로 바꾼다면 위 예제 코드는 작동하지 않는

다. 소문자로 시작하는 함수는 보이지 않는 상태로 다른 패키지에서 호출할 수 없다.

Go 표준 패키지에서 몇 가지 예를 살펴보자.

fmt 패키지는 Go 표준 패키지에서 가장 많이 사용되는 패키지다. 사용자의 표준 출력 장치에 정보를 표시하는 기능을 제공한다. 문자열 포맷팅과 표준 입력을 읽는 기능도 제공한다. 주로 다음과 같이 간단한 코드로 사용된다.

```go
package main

import (
    "fmt"
)

func main() {
    fmt.Println("Hello Go world!!")
}
```

위 예제는 fmt 패키지의 Println 함수를 호출한다. 이 함수는 문자열을 출력한다. 실행 결과는 다음과 같다.

```
Hello Go world!!
```

난수를 생성하는 math/rand 패키지도 자주 사용되는 패키지 중 하나다. 앞서 '패키지' 절에서 설명했듯이 rand 패키지 폴더는 math 패키지 폴더 안에 있기 때문에 패키지 이름이 단순히 rand가 될 수 없다. rand는 서브패키지 개념이지만 다음과 같이 일반 패키지의 함수처럼 호출할 수 있다.

```go
package main

import (
```

```
    "fmt"
    "math/rand"
)

func main() {
    fmt.Println("Let's generate a random int", rand.Intn(10))
}
```

위 예제는 fmt와 math/rand 패키지를 임포트하고 각 패키지의 함수를 호출한다. fmt 패키지의 Println 함수를 호출해서 문자열을 출력하고 math/rand 패키지의 Intn 함수를 호출해서 0과 9 사이의 난수를 생성한다.

다음은 클로저를 살펴보자.

클로저

함수는 클로저^{closure}가 될 수도 있다. 클로저는 함수 바깥에 있는 변수를 참조하는 함수 값^{function value}이다. 해당 변수에 대한 접근과 수정이 가능하다. 예제를 보면 이해하기 쉽다. 다음 adder 함수는 클로저를 반환한다.

```
func adder() func(int) int {
    sum := 0
    return func(x int) int {
        sum += x
        return sum
    }
}
```

adder 함수의 클로저는 sum 변수에 접근할 수 있다. 즉, sum의 최신 값을 기억하고 변경한다. 다음 예제를 보면 쉽게 이해할 수 있다.

```go
func adder() func(int) int {
    sum := 0
    return func(x int) int {
        sum += x
        return sum
    }
}

func main() {
    // "adder()"는 클로저를 반환한다.
    sumClosure := adder()      // sum 값은 0
    sumClosure(1)              // sum 값은 0+1 = 1
    sumClosure(2)              // sum 값은 1+2=3
    // 클로저 사용
}
```

이것으로 Go 언어의 기본 구성 요소를 모두 살펴봤다. 다음은 자료 구조를 알아보자.

▌ Go 자료 구조

Go 언어의 핵심 요소를 더 자세히 알아보자. 제대로 된 Go 프로그램을 만드는 데 꼭 필요한 기초 자료 구조부터 살펴본다.

배열과 슬라이스, 맵, Go 구조체, 메서드와 같은 Go 언어의 자료 구조를 소개한다.

배열

배열array은 모든 프로그래밍 언어가 지원하는 자료 구조다. Go 배열은 동일한 자료형 값들의 집합이며 크기가 미리 정의돼 있다.

Go 배열은 다음과 같이 선언한다.

```
var myarray [3]int
```

크기가 3인 int형 배열을 선언했다.

이 배열을 초기화해보자.

```
myarray = [3]int{1,2,3}
// 배열에는 int형 값이 3개 있다.
myarray[0] = 1 // 0번 인덱스 값
myarray[1] = 2 // 1번 인덱스 값
myarray[2] = 3 // 2번 인덱스 값
```

일반 변수와 마찬가지로 배열을 선언과 동시에 초기화할 수 있다.

```
var myarray = [3]int{1,2,3}
```

함수 안에서 배열의 선언과 초기화는 :=를 사용한다.

```
myarray := [3]int{1,2,3}
```

Go는 배열의 크기/길이를 반환하는 len() 함수를 제공한다. 이 함수는 다음과 같이 사용한다.

```
n := len(myarray)
fmt.Println(n)
```

myarray 배열의 크기 3을 출력한다.

다음 구문으로 배열의 일부를 선택할 수 있다.

```
array[<index1>:<index2>+1]
```

다음과 같이 배열을 초기화한다.

```
myarray := [5]int{1,2,3,4,5}
```

배열의 2번 인덱스부터 3번 인덱스까지 선택한다.

```
myarray[2:4]
```

결과는 다음과 같다.

```
[3 4]
```

위 예제에서 2와 4는 배열에서 선택하려는 시작과 마지막 인덱스(3 + 1 = 4)를 뜻한다. 대괄호 안에는 양쪽 모두 비워 둘 수 있다. 다음과 같이 왼쪽을 비워두면 배열에서 0번 인덱스부터 3번 인덱스까지 선택한다.

```
myarray[:4]
```

반대로 다음과 같이 오른쪽을 비워두면 배열에서 2번 인덱스부터 마지막 인덱스까지 선택한다.

```
myarray[2:]
```

다음 예제를 살펴보자.

```
mySubArray := myarray[2:4]
```

실제로 mySubArray는 myarray의 일부를 복사한 것이 아니다. 두 배열은 모두 같은
주소를 가리킨다. 예제를 보면 쉽게 이해할 수 있다. 다음의 간단한 예제를 통해
자세히 알아보자.

```
package main

import (
    "fmt"
)

func main() {
    myarray := [5]int{1,2,3,4,5}
    mySubArray := myarray[2:4]
    mySubArray[0] = 2
    fmt.Println(myarray)
}
```

위 프로그램은 mySubArray 배열의 값을 변경하고 myarray 배열을 출력한다. myarray
배열의 원래 값은 1, 2, 3, 4, 5다. myarray의 2번째 인덱스 요소를 가리키는
mySubArray 배열의 0번 인덱스 값을 수정한 결과는 다음과 같다.

```
[1  2  2  4  5]
```

지금까지 Go 배열의 사용법을 설명했다. 이제 슬라이스를 알아보자.

슬라이스

Go 배열의 단점은 배열의 크기를 미리 지정해야 한다는 점이다. 하지만 보통 몇 개의 값이 필요한지 알 수 없는 경우가 많다. 대부분의 최신 프로그래밍 언어는 이 문제를 해결하는 자료 구조를 추가로 제공한다. Go 언어는 **슬라이스**^{slice}라는 자료 구조를 제공한다.

사용자 측면에서 슬라이스는 동적 배열이다. 문법 측면에서는 배열과 비슷하지만 크기를 지정하지 않는다. 다음과 같이 슬라이스를 선언한다.

```
var mySlice []int
```

배열 선언 문법과 거의 같지만 슬라이스는 크기를 명시하지 않아도 된다.

위 슬라이스를 초기화해보자.

```
mySlice = []int{1,2,3,4,5}
```

선언과 동시에 초기화를 할 수도 있다.

```
var mySlice = []int{1,2,3,4,5}
```

슬라이스의 크기는 커질 수 있으므로 빈 슬라이스를 초기화할 수도 있다.

```
var mySlice = []int{}
```

내장 함수 **make**를 사용하면 슬라이스의 초깃값을 직접 쓰지 않고 크기를 미리 지정할 수 있다.

```
var mySlice = make([]int,5)
```

위 예제는 크기가 5인 int 슬라이스를 선언하고 초기화한다.

슬라이스를 사용해 효율적인 Go 코드를 작성하려면 먼저 슬라이스가 내부적으로
어떻게 작동하는지 이해해야 한다.

슬라이스는 배열의 일부를 가리키는 포인터다. 슬라이스에는 다음의 3가지 중요한
정보가 있다.

- 슬라이스가 가리키는 부분 배열의 첫 번째 요소에 대한 포인터
- 슬라이스가 가리키는 부분 배열의 크기
- 원본 배열의 용량capacity(원본 배열에 남아있는 요소의 개수)은 슬라이스의 크기
  보다 크거나 같다.

복잡한 이론은 접어두고 코드와 다이어그램을 보면서 슬라이스가 실제로 어떻게
작동하는지 알아보자.

우선 다음과 같이 슬라이스를 초기화한다.

```
var mySlice = []int{1,2,3,4,5}
```

내부적으로 mySlice는 요소가 5개인 배열을 가리킨다.

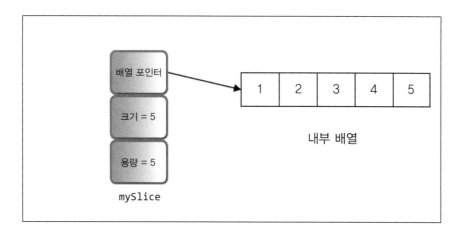

위 다이어그램을 보면 mySlice에는 3가지 정보가 있다.

- 데이터가 저장된 원본 배열을 가리키는 포인터
- 슬라이스의 크기. 위 예제 슬라이스의 크기는 5
- 슬라이스의 용량. 길이와 같은 5

하지만 위 다이어그램은 슬라이스의 용량과 길이가 어떻게 다를 수 있는 명확하게 설명하지 않는다. 용량과 길이의 차이를 이해하려면 더 상세한 예제가 필요하다.

다음과 같이 mySlice의 부분 슬라이스를 만든다.

```
var subSlice = mySlice[2:4]
```

mySlice를 다시 슬라이스해도 원본 배열을 복사하지 않고 내부적으로 다음과 같은 구조의 슬라이스를 생성한다.

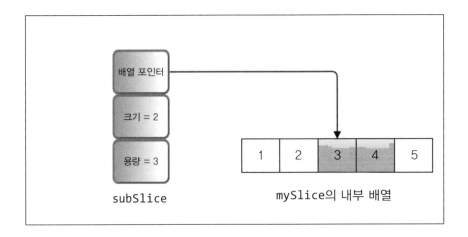

subSlice는 mySlice의 2번 인덱스와 3번 인덱스 값을 가진 길이가 2인 슬라이스다 (배열의 인덱스는 0부터 시작하므로 2번 인덱스는 두 번째가 아닌 세 번째 요소다). 원본 배열에는 3개의 요소가 남아있으므로 슬라이스의 크기는 2지만 용량은 2가 아닌 3이다.

subSlice는 원본 배열에서 2개의 값만 참조하므로 크기는 2다. 하지만 원본 배열에는 참조하지 않은 요소 3개가 남아있기 때문에 용량은 3이다.

cap 함수는 슬라이스의 용량을 반환한다.

```
cap(subSlice) // 용량은 3
```

배열의 크기를 반환하는 len 함수를 슬라이스에 사용하면 슬라이스의 크기를 반환한다.

```
len(subSlice) // 길이는 2
```

크기와 용량이 왜 중요한지 의문이 들 것이다. 보이지 않는 내부 배열의 정보인 용량은 무시하고 길이만 사용해도 충분해 보이기 때문이다.

이유는 메모리 효율성이 중요하기 때문이다. mySlice에 5개가 아닌 100,000개의 요소가 있다면 어떨까? 원본 배열도 요소가 100,000개라는 뜻이다. mySlice가 원본 배열에서 2개의 요소만 참조하더라도 거대한 원본 배열은 프로그램의 메모리에 남아 있다.

이런 메모리의 과다 사용을 피하려면 배열에서 필요한 부분만 새로운 슬라이스에 복사해야 한다. Go의 가비지 컬렉터^{garbage collector}는 큰 배열이 필요 없다는 사실을 인지하고 알아서 원본 배열을 삭제한다.

다음과 같이 copy 내장 함수를 사용하면 된다.

```
// 길이가 큰 슬라이스라고 가정하자.
var myBigSlice = []int{1,2,3,4,5,6}
// 작은 슬라이스를 생성한다.
var mySubSlice = make([]int,2)
// myBigSlice에서 mySubSlice로 2개 요소의 값을 복사한다.
copy(mySubSlice,myBigSlice[2:4])
```

이제 슬라이스의 원리와 메모리의 과다 사용을 어떻게 피할 수 있는지 확실하게 이해했을 것이다.

앞서 슬라이스는 동적 배열과 비슷하다고 했지만 아직 슬라이스의 크기를 늘리는 방법을 설명하지 않았다. Go는 슬라이스에 요소를 추가하는 append 함수를 제공한다. 슬라이스 용량이 한계에 도달하면 append 함수는 모든 데이터를 저장할 수 있는 크기의 내부 배열과 슬라이스를 생성한다. append 함수는 임의의 개수의 인수로 호출할 수 있는 가변 인수 함수^{variadic function}다.

```
var mySlice = []int{1,2}        // 슬라이스에 1, 2 저장
mySlice = append(mySlice,3,4,5)    // 3,4,5 추가
```

마지막으로 중요한 내장 함수는 make 함수다. 이 함수를 사용해 슬라이스를 생성하는 방법은 이미 설명했다.

```
// 길이가 3인 슬라이스 생성
var mySlice = make([]int,3)
```

위 코드에서 인수 3은 슬라이스의 크기를 나타낸다. 다음과 같이 make 함수를 사용해 슬라이스의 용량도 설정할 수 있다.

```
// 크기가 3이고 용량이 5인
var mySlice = make([]int,3,5)
```

make() 함수에 용량을 지정하지 않을 경우 크기와 용량이 같은 슬라이스를 생성한다.

```
// 크기와 용량은 모두 3
var mySlice = make([]int,3)
```

다음으로 맵을 살펴보자.

맵

해시맵^{HashMap}은 모든 프로그래밍 언어에서 많이 쓰이는 중요한 자료 구조다. 맵^{map}은 키로 해당 값을 찾을 수 있는 키-값$^{key-value}$ 쌍의 집합이다. 맵을 사용하면 키로 빠르게 원하는 값을 찾을 수 있으므로 프로그램의 성능을 높일 수 있다.

맵은 다음과 같이 선언한다.

```
var myMap map[int]string
```

키는 int형이고 값은 string형인 맵이다.

맵은 make 함수를 사용해 초기화한다.

```
myMap = make(map[int]string)
```

초기화하지 않은 맵을 참조하면 에러가 발생한다. 다음과 같이 맵을 선언과 동시에
초기화한다.

```
myMap = map[int]string{}
```

다음과 같이 맵을 초기화할 수 있다.

```
myMap = map[int]string{1: "first", 2: "Second", 3: "third"}
```

다음과 같이 이미 정의된 맵에 키와 값을 삽입한다.

```
myMap[4] = "fourth"
```

다음과 같이 맵에서 특정 키의 값을 찾을 수 있다.

```
// x는 "myMap"의 4번 키의 값
var x = myMap[4]
```

함수 안에서는 다음과 같이 맵에 특정 키가 존재하는지 확인할 수 있다.

```
// "myMap"에 5번 키가 없다면 "ok"는 false
// 존재한다면 "ok"는 true, "x"는 해당 값
x,ok := myMap[5]
```

delete 함수는 특정 키를 맵에서 삭제한다.

```
// 4번 키와 값 삭제
delete(myMap,4)
```

구조체

Go에서 구조체^{Struct}는 여러 자료형의 집합이다. 다음 예제를 살펴보자.

```
type myStruct struct{
    intField int
    stringField string
    sliceField []int
}
```

myStruct 구조체에는 3개의 필드가 있다.

- int형 intField
- string형 stringField
- []int형 sliceField

구조체는 다음과 같이 초기화한다.

```
var s = myStruct{
    intField: 3,
    stringField: "three",
    sliceField : []int{1,2,3},
}
```

이와 같이 값과 키를 열거하는 초기화 방식을 **구조체 리터럴**struct literal 초기화라고 한다. 다음과 같이 더 짧게 쓰는 방법도 있다.

```
var s = myStruct{3,"three",[]int{1,2,3}}
```

점 표기법dot notation을 사용해도 된다.

```
var s = myStruct{}
s.intField = 3
s.stringField = "three"
s.sliceField= []int{1,2,3}
```

구조체 포인터는 다음과 같이 선언한다.

```
var sPtr = &myStruct{
    intField:3,
    stringField:"three",
    sliceField: []int{1,2,3},
}
```

구조체 포인터에 점 표기법을 사용하면 포인터를 역참조하지 않아도 된다.

```
var s = &myStruct{}
s.intField = 3
s.stringField = "three"
s.sliceField= []int{1,2,3}
```

구조체의 필드명이 소문자로 시작할 경우 다른 패키지에서 접근할 수 없다. 구조체나 필드를 다른 패키지에서 접근해야 할 경우 이름을 대문자로 시작해야 한다.

다음으로 메서드를 살펴보자.

메서드

메서드^{method}는 타입에 연결하는 함수다. 예를 들어 Person이라는 구조체를 다음과 같이 정의해보자.

```
type Person struct{
    name string
    age int
}
```

메서드를 Person 타입에 연결한다.

```
func (p Person) GetName()string{
    return p.name
}
```

func 키워드와 함수의 이름, GetName(), 사이에 있는 부분을 메서드의 리시버^{receiver}라고 부른다.

Person 타입 변수를 다음과 같이 선언한다.

```
var p = Person{
    name: "Jason",
    age: 29,
}
```

p의 GetName 메서드를 호출한다.

```
    p.GetName()
```

person의 age 필드를 반환하는 GetAge()라는 메서드는 다음과 같이 정의한다.

```
func (p Person) GetAge()int{
    return p.age
}
```

다음으로 타입 임베딩type embedding을 알아보자.

타입 임베딩

다른 구조체의 메서드는 어떻게 상속inherit받을 수 있을까? Go 언어에서 상속에 가장 가까운 개념은 타입 임베딩이다. 앞에서 정의한 Person 구조체를 예로 들어보자.

```
type Person struct{
    name string
    age int
}

func (p Person) GetName()string{
    return p.name
}

func (p Person) GetAge()int{
    return p.age
}
```

Person의 모든 필드와 메서드를 포함하는 Student 구조체를 만들어보자.

```
type Student struct{
    Person
    studentId int
}

func (s Student) GetStudentID()int{
    return s.studentId
}
```

Student 구조체에는 필드명이 없는 Person 타입이 포함돼 있다. Student는 Person 타입의 모든 익스포트된 메서드와 필드를 상속받는다. Student 타입에서 Person 타입의 메서드와 필드에 바로 접근할 수 있다는 뜻이다.

```
s := Student{}
// 임베딩된 'Person'의 GetAge() 메서드 호출
s.GetAge()
s.GetName()
```

임베딩된 타입의 익스포트된 메서드와 필드는 부모나 임베딩하는 타입에 속한다.

다음 절에서는 인터페이스^{interface}를 구현하는 방법을 소개한다.

█ 인터페이스

메서드를 사용해 더 효율적이고 확장성 높은 Go 코드를 작성하려면 인터페이스의 개념을 반드시 이해해야 한다.

인터페이스를 간단하게 정의하면 메서드의 집합이다.

간단한 예제를 살펴보자.

```
type MyInterface interface{
    GetName()string
    GetAge()int
}
```

위 인터페이스 타입에는 GetName()과 GetAge() 메서드가 있다.

앞서 Person 구조체에 대한 두 메서드를 다음과 같이 정의했다.

```
type Person struct{
    name string
    age int
}

func (p Person) GetName()string{
    return p.name
}

func (p Person) GetAge()int{
    return p.age
}
```

Go 인터페이스는 구조체 등의 타입으로 구현할 수 있다. 어떤 타입이 인터페이스를 구현하면 인터페이스는 해당 타입의 데이터를 내재할 수 있다. 어떤 의미인지 살펴보자.

타입이 어떤 인터페이스를 구현하거나 상속받으려면 단순히 해당 인터페이스의 메서드만 구현하면 된다. Go 언어만의 특별한 기능이다.

다시 말해 Person 구조체는 myInterface 인터페이스를 상속받는다. Person 타입의 GetName()과 GetAge() 메서드가 myInterface에 정의된 메서드이기 때문이다.

Person이 MyInterface를 구현한다는 것이 어떤 의미일까?

다음과 같이 사용할 수 있다는 의미다.

```
var myInterfaceValue MyInterface
var p = Person{}
p.name = "Jack"
p.age = 39
// 인터페이스 사용
myInterfaceValue = p
myInterfaceValue.GetName()  // returns: Jack
myInterfaceValue.GetAge()   // returns: 39
```

아래와 같이 사용하는 방법도 있다.

```
func main(){
    p := Person{"Alice",26}
    printNameAndAge(p)
}

func PrintNameAndAge(i MyInterface){
    fmt.Println(i.GetName(),i.GetAge())
}
```

인터페이스는 API와 확장성 높은 소프트웨어를 개발할 때 사용된다. 인터페이스를 사용하면 유연한 소프트웨어를 작성할 수 있다. 이를 활용하는 간단한 예제를 살펴보자.

다음과 같이 Person 타입에 칭호와 이름 필드를 추가한다.

```
type PersonWithTitle {
    name string
    title string
    age int
```

```
    }

func (p PersonWithTitle) GetName()string{
    // <칭호> <빈칸> <이름> 반환
    return p.title + " " + p.name
}

func (p PersonWithTitle) GetAge() int{
    return p.age
}
```

PersonWithTitle 타입은 MyInterface를 구현하기 때문에 다음과 같이 사용할 수 있다.

```
func main(){
    pt := PersonWithTitle{"Alice","Dr.",26}
    printNameAndAge(pt)
}

func PrintNameAndAge(i MyInterface){
    fmt.Println(i.GetName(),i.GetAge())
}
```

PrintNameAndAge()의 매개변수는 구상 타입이 아닌 인터페이스이기 때문에 수정할 필요가 없다. 하지만 구조체를 Person에서 PersonWithTitle로 바꿨기 때문에 결과는 같지 않다. 새로운 구상 타입을 추가해도 API와 패키지는 수정하지 않아도 되는 유연한 코드를 작성했다.

인터페이스 타입을 구상 타입으로 변환해야 할 경우를 위해 Go 언어는 **타입 단언**^{type assertion}을 지원한다. 다음과 같이 사용한다.

```
person, ok := myInterfaceValue.(Person)
```

이 코드가 함수 구현부에 있다고 가정하자. myInterfaceValue를 Person 타입으로 변환할 수 없을 경우 앞 코드는 빈 구조체와 false를 반환한다. ok는 false이고 person은 비어있는 값이다.

myInterfaceValue를 Person 타입으로 변환할 수 있을 경우 ok는 true이고 person은 변환된 Person 타입의 값이다.

다음 절에서는 조건문과 반복문의 개념을 이해하고 코드를 작성해본다.

▌조건문과 반복문

Go 언어에는 if와 switch 조건 연산자가 있다. 자세히 살펴보자.

if문

if문의 기본 문법은 다음과 같다.

```
if <condition>{
}
```

x의 값이 10과 같은지 확인한다.

```
if x == 10 {
}
```

if문에서 변수를 초기화한다.

```
if x := getX(); x == 5{
```

```
}
```

다른 프로그래밍 언어와 마찬가지로 if문은 else 없이는 완성되지 않는다. if else 문법은 다음과 같다.

```
if x==5{
}else{
}
```

조건이 있는 else는 다음과 같이 작성한다.

```
if x == 5{
}else if x >10{
} else {
}
```

switch문

이제 switch문을 살펴보자. 문법은 다음과 같다.

```
switch x {
    case 5:
        fmt.Println("5")
    case 6:
        fmt.Println("6")
    default:
        fmt.Println("default case")
}
```

아직 눈치 채지 못했다면 앞 switch문에는 break 키워드가 없다. Go 언어의 case는 자동으로 브레이크[break]하기 때문에 break를 쓸 필요가 없다.

if문과 마찬가지로 switch문도 변수를 초기화할 수 있다.

```go
switch x := getX();x {
    case 5:
        fmt.Println("5")
    case 6:
        fmt.Println("6")
    default:
        fmt.Println("default case")
}
```

switch문은 if else와 비슷하다. 긴 if else 구문을 다음과 같이 효과적으로 줄일 수 있다.

```go
switch{
    case x == 5:
        // 로직
    case x > 10:
        // else 로직
    default:
        // 기본 case
}
```

case문이 자동으로 브레이크하지 않고 다음 case문으로 넘어가야 한다면 다음과 같이 fallthrough 키워드를 사용한다.

```go
switch{
    case x > 5:
        // 로직
```

```
        fallthrough
    case x > 10:
        // else 로직. x가 10보다 크면 첫 번째와 두 번째 케이스가 실행됨
    default:
        // 기본 case
}
```

다음은 반복문을 살펴보자.

반복문

Go 언어에서 반복문은 for 키워드를 사용한다. 유일한 반복문 키워드다.

다음 예제는 1에서 10까지 루프를 수행한다.

```
for i:=1;i<=10;i++{
    // i 값 사용 로직
}
```

다른 언어와 마찬가지로 for문에 필요한 정보는 다음과 같다.

- 초깃값(i:=1) – 생략 가능
- 루프 반복 여부에 대한 조건식(i <= 10)
- 다음 루프 제어 변수의 값을 나타내는 증감문(i++)

슬라이스나 배열을 순회하는 경우 for..range를 사용한다. 아래 예제는 myslice 슬라이스를 순회한다.

```
myslice := []string{"one","two","three","four"}
for i,item := range myslice{
```

```
    // i와 item 사용
}
```

이 예제에서 i는 해당 회차의 인덱스다. myslice의 두 번째 요소를 참조할 때 i는 1이다(인덱스는 0부터 시작). item은 해당 회차에 참조하는 슬라이스 요소의 값이다. 예를 들어 슬라이스의 세 번째 요소를 참조할 때 item 값은 "three"다.

인덱스가 필요 없다면 다음과 같이 생략할 수 있다.

```
for _,item := range myslice{
    // item 사용
}
```

인덱스만 필요하다면 다음과 같이 작성한다.

```
for i := range myslice{
    // i 값 사용
}
```

어떤 경우에 슬라이스의 요소는 생략하고 인덱스만 필요한지 궁금할 것이다. 답은 간단하다. for..range는 요소의 복사본을 반환하기 때문에 원래 값을 수정할 수 없다. 하지만 인덱스로 직접 요소를 참조하면 가능하다. 다음은 인덱스를 사용해 반복문 안에서 슬라이스를 수정하는 예다.

```
myslice := []string{"one","two","three","four"}
for i := range myslice {
    myslice[i] = "other"
}
fmt.Println(myslice)
// other other other other 출력
```

while 반복문은 어떻게 사용할까? 다른 프로그래밍 언어에서 while 반복문을 사용해 봤을 것이다. 하지만 앞서 말했듯이 Go 언어는 오직 for 반복문만을 지원한다.

```
for i>5{
    // 코드
}
```

다른 프로그래밍 언어와 마찬가지로 Go 언어에도 break와 continue 키워드가 있다. break는 루프가 끝나기 전에 반복을 중단할 때 사용하고, continue는 다음 회차로 강제로 넘길 때 사용한다.

다음 절에서는 panic과 recover, defer를 살펴본다.

▌ panic, recover, defer

Go 언어는 panic이라는 특수한 내장 함수를 제공한다. panic 함수를 호출하면 프로그램을 중단하고 패닉 메시지를 반환한다. panic을 제때 처리하지 않으면 프로그램이 종료되므로 신중하게 사용해야 한다. 예제를 살펴보자.

```
func panicTest(p bool) {
    if p {
        panic("panic requested")
    }
}
```

위 함수는 p 플래그 상태를 확인하고 true면 panic을 호출한다. panic 함수의 매개변수는 반환할 패닉 메시지다. 다음 예제를 Go 플레이그라운드(http://play.golang.org)에서 실행해보자.

```
package main

import "fmt"

func main() {
    panicTest(true)
    fmt.Println("hello world")
}

func panicTest(p bool) {
    if p {
        panic("panic requested")
    }
}
```

다음과 같은 에러가 발생한다.

```
panic: panic requested

goroutine 1 [running]:
main.panicTest(0x128701, 0xee7e0)
    /tmp/sandbox420149193/main.go:12 +0x60
main.main()
    /tmp/sandbox420149193/main.go:6 +0x20
```

panic은 프로그램을 중단하고 hello world 문자열 대신 패닉 메시지를 출력한다.

panic의 동작 방식은 알겠지만 어떻게 프로그램이 중단되지 않게 할 수 있을까?

이에 답하려면 defer의 개념을 알아야 한다. defer는 부모 함수가 결과를 반환한 후 특정 코드를 실행해야 할 경우에 사용한다. 다음 예제를 보면 쉽게 이해할 수 있다.

```
func printEnding(message string) {
    fmt.Println(message)
```

```
}

func doSomething() {
    // "defer" 키워드 사용
    // doSomething() 바로 뒤에 printEnding() 호출

    defer printEnding("doSomething() just ended")

    // 0부터 5까지 출력
    for i := 0; i <= 5; i++ {
        fmt.Println(i)
    }
}
```

위 예제에서 printEnding()은 defer로 인해 doSomething()의 실행이 끝난 뒤에 호출된다.

defer는 기본적으로 함수 호출 리스트에 함수를 추가하고 부모 함수 실행이 끝나면 순차적으로 호출한다. defer는 파일 핸들러 정리 같은 자원 정리 용도로 주로 사용된다.

아래는 위 예제의 전체 코드다.

```
package main

import (
    "fmt"
)

func main() {
    doSomething()
}

func printEnding(message string) {
    fmt.Println(message)
```

```
    }

func doSomething() {
    defer printEnding("doSomething() just ended")
    for i := 0; i <= 5; i++ {
        fmt.Println(i)
    }
}
```

결과는 다음과 같다.

```
0
1
2
3
4
5
doSomething() just ended
```

defer를 여러 번 사용한다면 어떻게 될까?

```
package main

import (
    "fmt"
)

func main() {
    doSomething()
}

func printEnding(message string) {
    fmt.Println(message)
}
```

```
func doSomething() {
    defer printEnding("doSomething() just ended 2")
    defer printEnding("doSomething() just ended")
    for i := 0; i <= 5; i++ {
        fmt.Println(i)
    }
}
```

defer는 스택을 기반으로 선입후출$^{first-in-last-out}$을 따른다. 따라서 첫 번째 defer는 가장 마지막에 실행되고 두 번째 defer는 함수 종료 즉시 실행된다. 다음 결과를 보면 쉽게 이해할 수 있다.

```
0
1
2
3
4
5
doSomething() just ended
doSomething() just ended 2
```

어떻게 프로그램을 중단시키지 않고 panic을 사용할 수 있을지 다시 생각해보자. defer는 부모 함수의 실행이 끝나면 특정 코드를 호출한다. 그렇다면 defer를 사용해서 panic 발생 직후에 코드를 호출하면 어떨까? defer와 recover() 내장 함수를 사용해 panic을 예외 처리하고 메시지를 반환하면 된다.

다음 코드를 참고하라.

```
package main

import "fmt"
```

```
func main() {
    panicTest(true)
    fmt.Println("hello world")
}

func checkPanic() {
    if r := recover(); r != nil {
        fmt.Println("A Panic was captured, message:", r)
    }
}

func panicTest(p bool) {
    // defer와 recover 조합
    defer checkPanic()
    if p {
        panic("panic requested")
    }
}
```

실행 결과는 다음과 같다.

```
A Panic was captured, message: panic requested
hello world
```

defer와 recover() 함수의 조합으로 프로그램을 중단하지 않고 panic을 제어할 수 있다. panic이 발생하지 않으면 recover()는 nil을 반환하고, 발생한다면 패닉 메시지를 반환한다. defer없이 recover()만 사용할 경우 제대로 작동하지 않는다.

▌ 요약

2장에서는 실용적인 측면에서 Go 언어의 기본 요소를 살펴봤다. 거의 모든 Go 프로그램에서 사용되는 몇 가지 중요한 기능을 살펴봤다. 2장에서 설명한 기본 개념들은 뒤의 장들에서 반복적으로 사용될 것이다.

3장에서는 Go 언어가 지원하는 가장 강력한 기능 중 하나인 동시성을 알아본다.

▌ 질문거리

1. GoPath란 무엇이고 어떻게 사용하는가?
2. Go 언어에서 while 반복문은 어떻게 사용하는가?
3. 네임드 리턴이란 무엇인가?
4. 함수와 메서드의 차이는 무엇인가?
5. 타입 단언이란?
6. defer 키워드의 역할은 무엇인가?
7. panic 키워드의 역할은 무엇인가?
8. panic을 제어하는 방법은 무엇인가?
9. 배열과 슬라이스의 차이점은 무엇인가?
10. 인터페이스란 무엇인가?
11. 구조체란 무엇인가?
12. 맵은 어떻게 사용하는가?

▌ 더 읽을거리

- **Go 웹 사이트**: https://golang.org
- **Go 설치**: https://golang.org/doc/install
- **Go 표준 패키지**: https://golang.org/pkg/
- **Go 코드 작성법**: https://golang.org/doc/code.html
- **Go 투어**: https://tour.golang.org
- **슬라이스 내부**^{Slices internals}: https://blog.golang.org/go-slices-usage-and-internals
- **이펙티브**^{Effective} **Go**: https://golang.org/doc/effective_go.html
- **Go로 구성**: https://www.ardanlabs.com/blog/2015/09/composition-with-go.html

03

Go 동시성 프로그래밍

Go 풀스택 개발 여정의 3장에 온 것을 환영한다. 3장에서는 Go 언어의 기초를 이해하는 데 매우 중요한 주제인 **동시성**concurrency을 알아본다. Go는 동급 프로그래밍 언어 중 가장 효과적이고 쉬운 동시성을 지원한다. Go의 강력한 동시성은 많은 개발자가 Go 언어를 사용하는 이유이기도 하다. 스레드의 개념과 사용법은 이미 알고 있다고 가정하고 2장과 마찬가지로 가장 중요하고 기초적인 개념을 중심으로 설명한다.

3장에서 다루는 내용은 다음과 같다.

- 동시성
- 고루틴goroutine
- Go 채널
- select문

- sync 패키지

▌ 동시성

동시성이란 무엇인가? 동시성은 모든 개발자가 이해하는 개념은 아니지만 소프트웨어 분야에서 자주 등장한다. Go 언어에서 동시성이란 무엇이고 왜 필요한지 알아보자.

Go 언어에서 동시성이란 프로그램을 여러 독립된 작은 단위로 나누고 주어진 자원을 사용해 빠르게 동시다발적으로 수행하는 행위를 의미한다. 일부 개발자는 스레드와 같은 개념이라고 생각할 것이다. 하지만 동시성의 개념은 스레드보다 더 포괄적이다. 스레드의 개념부터 간단히 정리해보자.

스레드는 프로그램을 병렬로 수행할 수 있도록 OS에서 지원하는 기능이다. Part 1과 Part 2로 구성된 프로그램을 예로 들어보자. Part 1은 Thread One이 수행하고 Part 2는 Thread Two가 수행한다. 아래 그림처럼 두 파트는 동시에 수행된다.

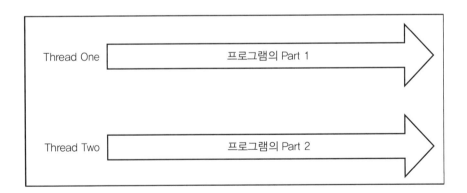

간단해 보이지만 실제로 스레드의 수와 병렬로 처리 가능한 작업의 수는 같지 않다. OS는 4개의 스레드를 지원하지만 프로그램의 수천 개 작업을 동시에 수행할 수 있다.

동시성은 프로그램의 전체적인 흐름을 유지하면서 독립적인 작업을 빠르게 수행할 수 있는 소프트웨어 개발에서 매우 중요한 기술이다. 웹 브라우저 등에서의 요청을 처리하는 웹 서버를 예로 들어보자. 유럽에 거주하는 잭과 아시아에 거주하는 친이 동시에 웹 서버로 요청을 보낸다면 두 요청을 동시에 독립적으로 처리해야 한다. 이와 같이 동시성은 최신 소프트웨어 개발에서 빠질 수 없는 부분이다.

Go 언어와 대다수의 최신 프로그래밍 언어는 프로그램을 여러 개의 작은 독립된 작업으로 나누고 사용 가능한 스레드를 활용해 다중화multiplexing한다. 아래 그림을 보면 쉽게 이해할 수 있을 것이다.

스레드 2개와 1개의 독립적인 작업으로 구성된 소프트웨어를 병렬로 실행한다. Go 언어는 정교한 내부 알고리즘을 기반으로 10개의 작업을 각 스레드에 할당하고 병렬로 처리한다. 그림으로 표현하면 다음과 같다.

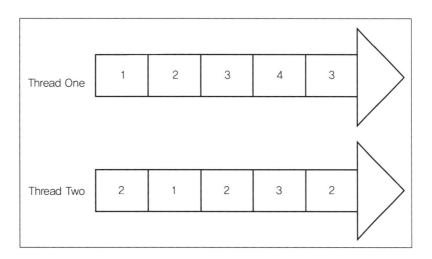

10개의 작업을 동시에 수행하는 것처럼 보이지만 실제로는 최대한 빠르게 끝낼 수 있도록 사용할 수 있는 자원 사이에 효율적으로 나눠서 수행한다. Go 언어는 스레드 사이의 작업 스케줄링과 분산 처리를 담당하는 복잡한 알고리즘을 간결한 API 형태로 제공한다. 개발자는 스레드와 자원 할당, 스케줄링 같은 로우레벨 개념은 신경 쓰지 않고 애플리케이션 개발에 집중할 수 있다.

다음 절에서는 고루틴을 살펴본다.

▌ 고루틴

Go 언어가 제공하는 API를 사용해 쉽게 동시성을 구현해보자.

고루틴^{Goroutine}을 간단하게 정의하면 경량 스레드다. 고루틴으로 정의된 코드는 런타임에 다른 고루틴과 동시에 실행된다.

모든 Go 함수는 고루틴에 속한다. 예를 들어 2장에서 작성한 프로그램의 진입점인 main 함수는 메인 고루틴에 속한다.

고루틴을 구현해보자. 동시에 실행할 함수 앞에 go 키워드만 붙여주면 된다. 문법은 간단하다.

```
go somefunction()
```

somefunction()이 동시에 실행할 함수다. 모든 고루틴은 다른 고루틴과 독립적으로 실행된다.

아래 예제 코드는 고루틴의 개념을 이해하는 데 도움이 될 것이다.

```
package main

import (
    "fmt"
    "time"
)
```

```go
func runSomeLoop(n int) {
    for i := 0; i < n; i++ {
        fmt.Println("Printing:", i)
    }
}

func main() {
    go runSomeLoop(10)
    // main 고루틴 2초 동안 대기
    time.Sleep(2 * time.Second)
    fmt.Println("Hello, playground")
}
```

위 예제는 runSomeLoop()를 고루틴으로 실행하는 간단한 프로그램이다. runSomeLoop()와 main()은 동시에 실행된다. time 패키지의 Sleep()는 runSomeLoop()가 작업을 끝낼 수 있도록 main 고루틴을 2초 동안 대기시킨다. 이렇게 하지 않으면 runSomeLoop()보다 프로그램이 먼저 종료된다. 새로운 고루틴을 실행해도 이미 실행 중인 고루틴은 중단되지 않는다.

위 예제의 실행 결과는 다음과 같다.

```
Printing: 0
Printing: 1
Printing: 2
Printing: 3
Printing: 4
Printing: 5
Printing: 6
Printing: 7
Printing: 8
Printing: 9
Hello, playground
```

메인 고루틴이 대기하는 동안 runSomeLoop()가 실행된다. 메인 고루틴이 깨어나면 Hello, playground를 출력하고 프로그램이 종료된다.

메인 고루틴을 잠시 멈추게 하는 time.Sleep() 코드를 삭제해보자.

```go
package main

import (
    "fmt"
)

func runSomeLoop(n int) {
    for i := 0; i < n; i++ {
        fmt.Println("Printing:", i)
    }
}

func main() {
    go runSomeLoop(10)
    fmt.Println("Hello, playground")
}
```

실행 결과는 다음과 같다.

```
Hello, playground
```

runSomeLoop()는 메인 고루틴이 끝나기 전에 호출되지도 않았다.

고루틴은 메모리와 자원 측면에서 매우 가볍다. 따라서 Go 프로그램에는 보통 수백에서 수천 개의 고루틴이 실행된다. 많은 개발자가 간단한 API를 통해 이와 같은 막강한 기능을 쓸 수 있는 점을 Go 언어의 장점으로 뽑는다.

다음 절에서는 채널channel을 살펴본다.

▌Go 채널

중요한 질문이 한 가지 떠오를 것이다. 고루틴끼리 어떻게 데이터를 공유할 수 있을까?

여러 스레드를 사용하는 프로그램에서 데이터 공유는 잠금lock을 거는 방식을 주로 사용한다. 이 방법을 **메모리 공유 방식**sharing memory approach이라고 부른다. 다음 그림에서 2개의 스레드는 변수 X가 선언된 메모리 공간을 공유한다.

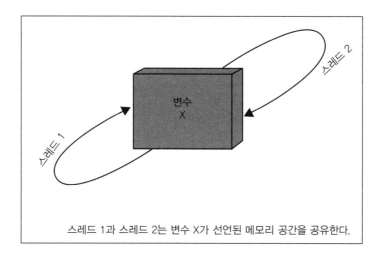

스레드 1과 스레드 2는 변수 X가 선언된 메모리 공간을 공유한다.

Go 언어에는 유명한 말이 있다.

> "공유 메모리로 소통하지 말고 소통을 통해서 메모리를 공유하라."

간단하게 말해 잠금을 사용한 스레드 간 메모리 공유는 지양하라는 뜻이다(물론 예외는 있다). 대신 고루틴에서 다른 고루틴으로 데이터를 전달하는 방법을 권장한다. Go 채널을 사용하면 고루틴 사이에 데이터를 전달할 수 있다. 이 과정을 그림으로 표현하면 다음과 같다.

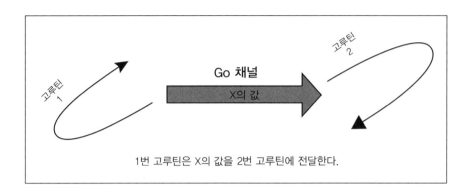

1번 고루틴은 X의 값을 2번 고루틴에 전달한다.

다음 절에서는 일반regular 채널과 버퍼buffered 채널을 알아본다.

일반 채널

Go 채널은 다음과 같이 make 키워드를 사용해서 선언한다.

```
myChannel := make(chan int)
```

위 코드는 int형 값을 전달하는 myChannel 채널을 선언하고 초기화한다. 이 채널은 고루틴에서 다른 고루틴으로 int 값을 전달한다.

다음과 같이 채널을 통해 값을 전달받는다.

```
// myIntValue는 채널을 통해 전달받은 값
myIntValue := <-myChannel
```

다음과 같이 값을 보낸다.

```
myChannel <- 4
```

채널을 통해 데이터를 받거나 보내면 해당 고루틴은 송수신이 완료될 때까지 대기한다. 즉, 데이터를 수신할 다른 고루틴이 없을 경우 고루틴은 대기한다. 반대로 데이터를 받아야 하는데 보내는 고루틴이 없다면 기다려야 한다. 이 방식은 데이터를 동기화해 최신 상태로 유지할 수 있으며, 다른 프로그래밍 언어에서 사용하는 잠금 방식보다 단순하다.

서로 통신하는 2개의 고루틴 예제를 살펴보자.

```go
package main

import (
    "fmt"
    "time"
)

func runLoopSend(n int, ch chan int) {
    for i := 0; i < n; i++ {
        ch <- i
    }
    close(ch)
}

func runLoopReceive(ch chan int) {
    for {
        i, ok := <-ch
        if !ok {
            break
        }
        fmt.Println("Received value:", i)
    }
}

func main() {
    myChannel := make(chan int)
    go runLoopSend(10, myChannel)
```

```
    go runLoopReceive(myChannel)
    time.Sleep(2 * time.Second)
}
```

위 예제는 myChannel이라는 채널을 runLoopSend()와 runLoopReceive() 함수의 인수로 전달한다. 이 채널을 통해 runLoopSend()는 데이터를 보내고 runLoopReceive()는 데이터를 받는다.

실행 결과는 다음과 같다.

```
Received value: 0
Received value: 1
Received value: 2
Received value: 3
Received value: 4
Received value: 5
Received value: 6
Received value: 7
Received value: 8
Received value: 9
```

우선 runLoopSend()에서 처음 등장하는 close() 함수를 살펴보자. 다음 부분에 주목해보자.

```
close(ch)
```

close() 함수는 해당 채널을 닫는다. 채널이 닫히면 더 이상 데이터를 보낼 수 없고 panic이 발생한다.

runLoopReceive() 함수의 다음 줄을 살펴보자.

```
i, ok := <-ch
```

위 코드는 채널이 닫혔는지 확인한다. 채널이 열려있으면 ok는 true이고 i는 채널을 통해 전달받은 값이다. 반대로 채널이 닫힌 경우 ok는 false다. 위 예제의 runLoopReceive 함수는 ok가 false면 루프를 중단한다.

아래의 for 루프를 더 짧게 작성하는 방법도 있다.

```
for {
    i, ok := <-ch
    if !ok {
        break
    }
    fmt.Println("Received value:", i)
}
```

다음과 같이 줄일 수 있다.

```
for i := range ch {
    fmt.Println("Received value:", i)
}
```

채널에 대한 for..range문은 채널이 닫힐 때까지 루프를 반복한다.

위 코드의 실행 결과는 다음과 같다.

```
Received value: 0
Received value: 1
Received value: 2
Received value: 3
Received value: 4
```

```
Received value: 5
Received value: 6
Received value: 7
Received value: 8
Received value: 9
```

버퍼 채널

버퍼buffered 채널은 여러 값을 버퍼에 저장하는 특수한 채널이다. 일반 채널과 다르게 버퍼 채널은 다음의 경우에만 대기한다.

- 버퍼가 비어있는 채널이 데이터를 기다리는 경우
- 버퍼에 남은 공간이 없는 채널에 데이터를 보내는 경우

버퍼 채널은 다음과 같이 선언한다.

```
myBufferedChannel := make(chan int,10)
```

위 코드는 10개의 int형 값을 저장할 수 있는 버퍼 채널을 생성한다.

일반 채널과 동일한 방식으로 버퍼 채널에 데이터를 보낸다. 데이터는 버퍼에 저장된다.

```
myBufferedChannel <- 10
```

버퍼 채널에서 데이터를 받는 방법도 동일하다. 전달받은 데이터는 버퍼에서 삭제된다.

```
x := <-myBufferedChannel
```

다음 절에서는 select 구문을 알아본다.

▌ select 구문

select 구문을 사용해 여러 채널을 동시에 제어할 수 있다. Select를 사용해서 여러 채널에 데이터를 보내거나 받을 수 있고 먼저 활성화된 채널의 코드를 실행할 수 있다.

다음 예제를 보면 쉽게 이해할 수 있다.

```
select {
    case i := <-ch:
        fmt.Println("Received value:", i)
    case <-time.After(1 * time.Second):
        fmt.Println("timed out")
}
```

위 예제의 select 구문은 2개의 채널을 사용한다. 첫 번째 채널은 데이터를 수신하는 ch 채널이고 두 번째 채널은 time.After() 함수다. 이 함수는 select 구문에서 많이 사용된다. 설정한 시간이 지나면 데이터가 도착하며 이 시간 동안 채널을 대기시킨다. 채널에서 데이터를 송수신 시 타임아웃timeout을 설정할 때 주로 time.After() 함수를 사용한다.

다음은 타임아웃 채널과 수신, 송신 채널을 모두 포함하는 select 구문이다.

```
select {
    case i := <-ch1:
        fmt.Println("Received value on channel ch1:", i)
    case ch2 <- 10:
```

```
        fmt.Println("Sent value of 10 to channel ch2")
    case <-time.After(1 * time.Second):
        fmt.Println("timed out")
}
```

위 예제에는 3개의 채널 ch1, ch2, time.After()가 사용된다. 가장 먼저 끝나는 채널의 case가 실행된다.

select문은 default case도 지원한다. 준비된 채널이 없을 경우 default case가 즉시 실행된다.

```
select {
    case i := <-ch1:
        fmt.Println("Received value on channel ch1:", i)
    case ch2 <- 10:
        fmt.Println("Sent value of 10 to channel ch2")
    default:
        fmt.Println("No channel is ready")
}
```

위 예제에서 time 패키지가 ch1과 ch2를 대기시키고 있다면 default case가 실행된다.

여러 채널이 동시에 끝나면 임의의 채널 case가 실행된다.

다음 절에서는 sync 패키지를 알아본다.

sync 패키지

2장에서 마지막으로 소개할 주제는 sync 패키지다. 반드시 잠금이 필요하다면 sync 패키지를 사용하면 된다. 고루틴 간의 소통 방법은 채널이 적합하지만 잠금이나 뮤텍스^{mutex, mutual exclusion object}를 사용해야 하는 경우가 있다. 예를 들어 Go 언어의 표준 패키지인 http 패키지에서 http 서버 객체의 리스너를 제어하는 데 뮤텍스를 사용한다. 리스너는 여러 고루틴에서 접근할 수 있으므로 뮤텍스가 적절하다.

컴퓨터 프로그래밍에서 뮤텍스는 자원(예를 들어 공유 메모리)에 여러 스레드의 접근을 제어하는 객체를 일컫는다. 뮤텍스는 한 번에 한 개의 스레드만 데이터에 접근을 허용하기 때문에 붙여진 이름이다.

소프트웨어에서 뮤텍스의 워크플로우는 일반적으로 다음과 같다.

1. 특정 스레드가 뮤텍스를 소유한다.
2. 다른 스레드는 뮤텍스를 소유할 수 없다.
3. 뮤텍스를 소유한 스레드는 마음대로 자원에 접근할 수 있다.
4. 작업이 끝나면 뮤텍스를 해제하고 다른 스레드는 뮤텍스를 소유하고자 서로 경쟁한다.

고루틴은 완전한 스레드가 아니다. 뮤텍스를 사용해 여러 고루틴의 동일한 자원에 접근을 제어할 수 있다.

다음 절에서는 일반 뮤텍스와 읽기–쓰기 뮤텍스^{read-write mutex}, 대기 그룹^{wait group} 예제를 살펴본다.

간단한 뮤텍스

sync 패키지의 mutex 구조체 포인터를 뮤텍스로 사용할 수 있다. 뮤텍스는 다음과 같이 선언한다.

```
var myMutex = &sync.Mutex{}
```

myMap이라는 Map[int]int형 맵에 대한 고루틴의 동시 접근을 제어하는 코드를 작성해보자.

```
myMutex.Lock()
myMap[1] = 100
myMutex.Unlock()
```

myMutex을 소유한 고루틴에게만 myMap에 접근을 허용하면 교착 상태를 막을 수 있다.

읽기-쓰기 뮤텍스

Go 언어는 읽기-쓰기 잠금/뮤텍스$^{\text{read-write mutex}}$를 지원한다. 읽기-쓰기 뮤텍스는 읽기와 쓰기를 구분하는 뮤텍스다. 고루틴의 특정 자원에 대한 동시적 읽기를 허용하지만 데이터를 수정하는 동안 다른 모든 읽기/쓰기 작업은 쓰기 잠금이 해제될 때까지 대기한다. 다음 예제를 살펴보자.

```
var myRWMutex = &sync.RWMutex{}
```

읽기-쓰기 뮤텍스는 sync.RWMutex 구조체를 가리키는 포인터다.

읽기는 RLock()과 RUnlock() 메서드를 사용한다.

```
myRWMutex.RLock()
fmt.Println(myMap[1])
myRWMutex.RUnlock()
```

쓰기는 Lock()과 Unlock() 메서드를 사용한다.

```
myRWMutex.Lock()
myMap[2] = 200
myRWMutex.Unlock()
```

Go 표준 패키지의 소스코드를 살펴보면 *sync.RWMutex를 많이 사용한다.

대기 그룹

수준 높은 Go 소프트웨어를 개발하려면 대기 그룹wait group 개념을 반드시 이해해야
한다. 현재 실행 중인 고루틴이 완료될 때까지 기다렸다가 나머지 부분을 진행하는
개념이다.

대기 그룹을 앞서 작성한 예제에 적용해보자.

```
package main

import (
    "fmt"
    "time"
)

func runLoopSend(n int, ch chan int) {
    for i := 0; i < n; i++ {
        ch <- i
    }
```

```
      close(ch)
   }

   func runLoopReceive(ch chan int) {
      for {
         i, ok := <-ch
         if !ok {
            break
         }
         fmt.Println("Received value:", i)
      }
   }

   func main() {
      myChannel := make(chan int)
      go runLoopSend(10, myChannel)
      go runLoopReceive(myChannel)
      time.Sleep(2 * time.Second)
   }
```

위 코드를 보면 메인 고루틴은 2초 동안 다른 고루틴이 끝날 때까지 기다린다. 하지
만 완료까지 2초 이상 소요된다면 어떻게 해야 할까? 위와 같은 간단한 슬립sleep
로직은 예상대로 동작하지 않을 수 있다. 다음과 같이 코드를 수정해보자.

```
package main

import (
   "fmt"
   "sync"
)

// 전역 대기 그룹 선언
var wg = &sync.WaitGroup{}

func main() {
```

```
    myChannel := make(chan int)
    // 대기 그룹의 내부 카운터를 2만큼 증가
    wg.Add(2)
    go runLoopSend(10, myChannel)
    go runLoopReceive(myChannel)
    // wait group의 내부 카운터가 0이 될 때까지 대기
    wg.Wait()
}

func runLoopSend(n int, ch chan int) {
    // 함수 실행이 끝나면 대기 그룹 내부 카운터 1만큼 감소
    defer wg.Done()
    for i := 0; i < n; i++ {
        ch <- i
    }
    close(ch)
}

func runLoopReceive(ch chan int) {
    // 함수 실행이 끝나면 대기 그룹 내부 카운터 1만큼 감소
    defer wg.Done()
    for {
        i, ok := <-ch
        if !ok {
            break
        }
        fmt.Println("Received value:", i)
    }
}
```

WaitGroup 구조체에는 내부 카운터가 있고 이 값이 0이 될 때까지 다른 고루틴은 대기한다. wg는 위 프로그램에서 전역적으로 사용할 수 있는 WaitGroup을 가리키는 포인터다. 고루틴을 실행하기 전에 wg.Add(2) 메서드를 호출해서 대기 그룹의 내부 카운터를 2만큼 증가시킨다. 각 고루틴 함수에는 다음 코드가 있다.

```
defer wg.Done()
```

defer와 wg.Done() 메서드 조합은 해당 고루틴의 실행이 끝나면 wg.Done() 메서드를 호출한다. 이 메서드는 대기 그룹의 내부 카운터를 1만큼 감소시킨다.

마지막으로 wg.Wait() 메서드는 내부 카운터가 0이 될 때까지 부모 고루틴를 대기시킨다. 따라서 모든 고루틴이 종료될 때까지 메인 고루틴은 대기한다.

실행 결과는 다음과 같다.

```
Received value: 0
Received value: 1
Received value: 2
Received value: 3
Received value: 4
Received value: 5
Received value: 6
Received value: 7
Received value: 8
Received value: 9
```

▌요약

3장에서는 프로덕션 레벨의 Go 프로그래밍에 꼭 필요한 몇 가지 개념을 살펴봤다. 실용적인 측면에서 동시성의 개념을 학습하고 효율적인 동시성 소프트웨어를 작성할 수 있는 API를 소개했다.

4장에서는 Go 프론트엔드 개발에서 많이 쓰이는 리액트 프레임워크의 기본 개념을 소개한다.

▌ 질문거리

1. 동시성이란 무엇인가?

2. 스레드란 무엇인가?

3. 동시성과 병렬 스레딩의 차이는 무엇인가?

4. 고루틴은 무엇인가?

5. 전달을 통한 메모리 공유는 무슨 뜻인가?

6. Go 채널이란 무엇인가?

7. 일반 채널과 버퍼 채널의 차이는 무엇인가?

8. select문은 언제 사용하는가?

9. sync.Mutex와 sync.RWMutex의 차이는 무엇인가?

10. 대기 그룹은 언제 사용하는가?

▌ 더 읽을거리

더 자세한 내용은 다음 링크를 참고하라.

- **Golang 동시성:**

  http://www.minaandrawos.com/2015/12/06/concurrency-in-golang/

- **동시성은 병렬성이 아니다:**

  https://blog.golang.org/concurrency-is-not-parallelism

- **Sync 패키지:** https://golang.org/pkg/sync/

프론트엔드

2부는 풀스택 소프트웨어 개발에서 중요한 최신 프론트엔드 기술을 소개한다. GopherJS 프레임워크를 사용해 Go 언어를 프론트엔드에서 사용하는 방법을 알아보고, 이를 사용해 GoMusic 악기점 웹 사이트를 직접 개발한다. 2부는 풀스택 개발의 전반부를 다룬다.

2부는 다음 두 개의 장으로 구성된다.

- 4장. React.js와 프론트엔드 개발
- 5장. GoMusic 프론트엔드 개발

04

React.js와 프론트엔드 개발

4장에서는 풀스택 개발의 첫 단계로 풀스택의 절반을 자치하는 프론트엔드를 알아본다. 좋은 소프트웨어를 개발하려면 보기 좋은 유저 인터페이스를 만드는 방법을 알아야 한다. 이 방법은 사용자가 편하게 쓸 수 있는 소프트웨어를 만드는 데 가장 중요한 부분이다.

요즘 업계에서 가장 인기 있는 프론트엔드 프레임워크 중 하나인 리액트 프레임워크Rect framework를 소개한다. 리액트React.js를 사용하면 실시간 데이터를 표현할 수 있는 동적 웹 사이트를 만들 수 있다. 응답성과 사용성이 높은 웹 사이트를 개발할 수 있어 많은 최신 웹 사이트는 리액트 프레임워크를 기반으로 한다. 이론과 중요하지 않은 내용은 건너뛰고 실용적인 내용을 위주로 살펴보면서 리액트 애플리케이션을 함께 작성해보자.

4장에서 다루는 내용은 다음과 같다.

- 리액트 애플리케이션 구조
- 리액트 설치
- JSX와 리액트 요소
- 리액트 컴포넌트
- props
- state
- 리액트 개발 툴

▌ 필수 지식 및 요구 사항

리액트 프레임워크는 세련되고 반응성이 뛰어난 UI 개발에 필요한 자바스크립트 모듈의 모음이다. 따라서 자바스크립트에 대한 이해는 필수다.

자바스크립트의 자세한 설명은 다음 링크에 있다.

https://developer.mozilla.org/en-US/docs/Web/JavaScript/A_re-introduction_to_JavaScript

4장에서는 자바스크립트의 새로운 버전이라고 볼 수 있는 ES6을 사용한다. ES6의 핵심 기능은 다음과 같다.

- **클래스**class: 내부 메서드를 정의할 수 있는 특수 함수다. 자세한 설명은 다음 링크를 참고한다.

  https://developer.mozilla.org/en-US/docs/Web/JavaScript/Reference/Classes

- **화살표 함수**arrow function: 자바스크립트 버전의 익명anonymous 함수다. 자세한 설명은 다음 링크를 참고한다.

  https://developer.mozilla.org/en-US/docs/Web/JavaScript/Reference/Functions/Arrow_functions

- **let 키워드**: 유효 범위가 블록인 로컬 변수를 선언할 때 사용한다. 자세한 설명은 다음 링크를 참고한다.

  https://developer.mozilla.org/en-US/docs/Web/JavaScript/Reference/Statements/let를 참고한다.

- **const 키워드**: 초깃값을 변경할 수 없는 로컬 변수를 선언할 때 사용한다. 자세한 설명은 다음 링크를 참고한다.

  https://developer.mozilla.org/en-US/docs/Web/JavaScript/Reference/Statements/const

▌ GoMusic 프로젝트

리액트를 사용해 GoMusic의 상품 설명 페이지를 만들어보자. GoMusic은 이 책에서 함께 개발할 온라인 악기 전문 쇼핑몰 프로젝트다. 프론트엔드는 리액트 프레임워크를 사용하고 백엔드는 Go 언어로 개발한다.

상품 설명 페이지는 다음과 같다.

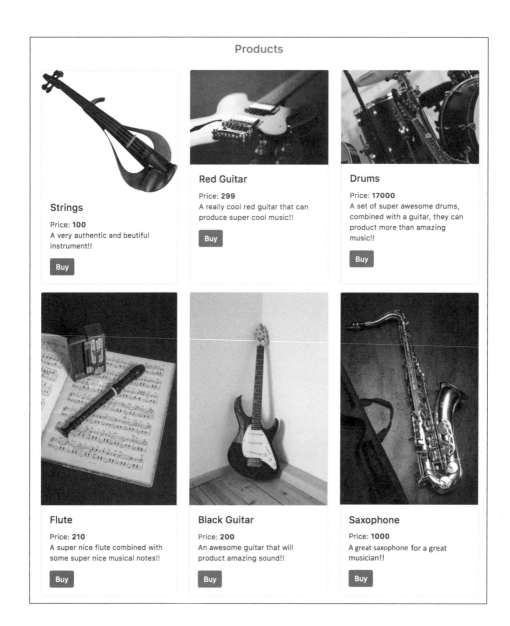

위 페이지를 단계적으로 구현해보자. 단순한 페이지가 아니다. 리액트 개발 툴을 사용하면 수정한 코드를 페이지에 실시간으로 반영해 볼 수 있다. 웹 사이트는 JSON 형식 파일에서 악기의 이미지와 이름, 가격, 설명을 읽는다. 해당 파일이 업데이트되면 자동으로 최신 데이터를 웹 사이트에 반영한다.

GoMusic 프로젝트 개발에는 Node.js와 노드 패키지 관리자^{Node Package Manager} (npm)가
필요하다.

Node.js와 npm

npm은 거의 대부분의 Node.js와 자바스크립트 패키지를 호스트하는 패키지다. npm
을 통해 리액트와 관련 개발 툴을 설치하자.

최신 버전의 Node.js를 이미 설치했다면 npm도 함께 설치됐을 것이다.

아직 설치하지 않았다면 https://nodejs.org/en/에서 다운로드할 수 있다. 모든 툴
과 Node.js가 최신 버전인지 확인하자.

npm 설치 방법은 다음 링크를 참고하라.

https://www.npmjs.com/get-npm

다음 절에서는 HTML과 CSS, 부트스트랩^{Bootstrap}을 살펴본다.

HTML과 CSS, 부트스트랩

4장에서는 HTML과 CSS 같은 프론트엔드 기술은 이미 익숙하다고 가정하고 리액트
를 설명한다.

HTML과 CSS의 기초 개념만 이해한다면 충분하다. HTML은 웹 페이지를 구성하는
언어이고 CSS는 웹 페이지를 꾸미는(색상 설정 등) 언어다.

HTML과 CSS의 이해가 부족하다면 다음 링크를 참고하라.

https://developer.mozilla.org/en-US/docs/Learn/HTML/Introduction_to_HTML

CSS의 내용은 다음 링크에 자세한 설명이 있다.

https://developer.mozilla.org/en-US/docs/Learn/CSS/Introduction_to_CSS

부트스트랩 4 프레임워크를 사용해 프론트엔드의 뷰[view]를 구현한다. 부트스트랩을 사용해봤다면 큰 도움이 될 것이다.

부트스트랩의 설명은 다음 링크를 참고하라.

https://getbootstrap.com/docs/4.1/getting-started/introduction/

다음 링크의 스타트업 템플릿은 부트스트랩을 사용하는 것이 가장 효율적인 시작 방법이다.

https://getbootstrap.com/docs/4.1/getting-started/introduction/#starter-template

프로젝트 코드

이 책에서 작성하는 모든 소스코드는 다음 깃허브 저장소에서 확인할 수 있다.

https://github.com/PacktPublishing/Hands-On-Full-Stack-Development-with-Go/tree/master/Chapter04

이제 본격적으로 리액트 프레임워크를 살펴보자.

▌ 리액트 프레임워크

리액트 프레임워크는 웹 사용자 인터페이스를 구현할 수 있는 자바스크립트 라이브러리다. 2013년 페이스북이 처음 공개했으며, 그 이후 폭발적인 주목을 받고 있다. 이 프레임워크는 현재 페이스북, 인스타그램, 열정적인 커뮤니티에 의해 유지되고 있다. 리액트를 사용해 성능과 반응성이 높은 웹 사이트를 구축할 수 있다.

리액트 애플리케이션의 구성 요소를 살펴보자.

리액트 애플리케이션 개발

리액트를 이해하고 기반 애플리케이션을 개발하려면 라이브러리와 리액트의 구성 요소를 이해해야 한다. 리액트 애플리케이션을 개발하는 방법을 단계별로 살펴보자.

다음은 리액트 애플리케이션을 개발하는 가장 기본적인 방법이다.

1. 리액트 엘리먼트element를 만든다.
   * 엘리먼트는 리액트의 가장 기본적인 요소 중 하나다. 이미지와 굵은 글씨와 선, 버튼 같은 비주얼 유저 인터페이스를 나타낸다.
   * JSX와 CSS, 자바스크립트를 조합해 만든다.
2. 엘리먼트를 리액트 컴포넌트component로 감싼다.
   * 컴포넌트는 리액트 엘리먼트로 구성된 자바스크립트 클래스나 함수다.
   * 리액트 애플리케이션은 서로 데이터를 주고받는 여러 컴포넌트로 구성된다.
   * 예를 들어 상품 페이지의 각 상품 카드가 하나의 컴포넌트다.

3. 리액트 컴포넌트는 props를 통해 데이터를 주고받는다.

- props를 사용해 컴포넌트에서 다른 컴포넌트로 데이터를 전달할 수 있다.
- 상품 이미지와 이름, 가격, 설명 같은 정보를 개별 상품 카드 컴포넌트로 전달할 때 props를 사용한다.

4. state를 사용해 컴포넌트 내부에서 상태를 관리하고 수정한다.

- props와는 달리 state는 리액트 컴포넌트의 내부 객체다.
- state의 값이 바뀌면 해당 값을 참조하는 부분을 찾아 다시 렌더링한다.
- 페이지에 새로운 상품이 추가될 때마다 state의 값도 변경된다.

다음 절에서는 리액트 프로젝트 개발 환경을 설정한다.

프로젝트 설정

리액트 프로젝트를 설정해보자. 우선 리액트 애플리케이션 개발에 필요한 툴을 설치한다.

리액트 설치

리액트를 설치한다. Create React App 툴을 사용하면 리액트를 쉽게 설치할 수 있다. 신규 리액트 프로젝트 생성과 실시간 코드 반영과 빌드 등의 다양한 기능을 제공한다.

이 툴은 npm에서 다운로드할 수 있다. 다음 명령어를 실행해 설치한다.

```
npm install -g create-react-app
```

위 명령어는 툴을 전역적으로 설치하기 때문에 어떤 경로에서도 툴을 실행할 수 있다.

터미널을 실행하고 툴을 실행하고 싶은 경로로 이동한다. 다음 명령어를 실행하면 새로운 리액트 애플리케이션 프로젝트 폴더가 생성된다.

```
create-react-app first-react-tutorial
```

 에러를 방지하려면 최신 버전의 Node.js와 npm을 설치해야 한다.

first-react-tutorial이라는 새로운 애플리케이션이 같은 이름의 폴더에 생성됐을 것이다.

코드 작성를 작성하기 전에 우선 폴더 구조부터 살펴보자. 프로젝트 폴더로 이동해서 npm start 스크립트를 실행한다.

```
cd first-react-tutorial
npm start
```

3000번 로컬 포트에 리액트 애플리케이션이 실행되고 브라우저에 아래와 같은 화면이 나타난다. URL은 http://localhost:3000이다.

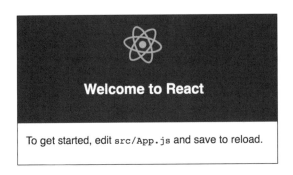

다음 절에서는 신규 프로젝트를 설정해본다.

신규 프로젝트 설정

Create React App으로 생성한 리액트 앱에는 많은 기능이 포함돼 있다. 4장에서 구현할 리액트 앱은 매우 간단하다. 프로젝트의 폴더 구조는 다음과 같다.

생성된 앱에 많은 기능이 포함돼 있지만 4장에서 작성하는 간단한 리액트 앱 개발에는 대부분 불필요하다. 우선 src 폴더 안의 모든 파일을 삭제하고 index.js라는 새로운 자바스크립트 파일을 생성한다. 변경된 구조는 다음과 같다.

이제 간단한 상품 페이지를 만들어보자. 우선 부트스트랩의 멋진 스타일링 기능을 사용하려면 HTML에 프레임워크를 포함시켜야 한다. public 폴더의 index.html 파일을 열어보면 리액트 앱에서 사용하는 HTML 코드가 있다. 이 파일에 부트스트랩 프레임워크를 추가하고 ID가 root인 div를 생성한다. 수정한 index.html은 다음과 같다.

```html
<!DOCTYPE html>
<html lang="en">
    <head>
        <meta charset="utf-8">
        <meta name="viewport" content="width=device-width, initial-scale=1,
shrink-to-fit=no">
        <!-- 부트스트랩 CSS -->
        <link rel="stylesheet"
href="https://stackpath.bootstrapcdn.com/bootstrap/4.1.1/css/bootstrap.min.css"
integrity="sha384-WskhaSGFgHYWDcbwN70/dfYBj47jz9qbsMId/iRN3ewGhXQFZCSftd1LZCf
hktB" crossorigin="anonymous">

        <meta name="theme-color" content="#000000">
        <!--
            manifest.json에는 해당 웹을 안드로이드의 홈 스크린에 추가했을 경우에 필요한
메타정보가 있다.
https://developers.google.com/web/fundamentals/engage-and-retain/web-app-
manifest/
        -->
```

```html
    <link rel="manifest" href="%PUBLIC_URL%/manifest.json">
    <link rel="shortcut icon" href="%PUBLIC_URL%/favicon.ico">
    <!--
```
위 태그의 %PUBLIC_URL% 부분은 빌드 과정에서 `public` 폴더의 URL로 교체된다.
`public` 폴더 안의 파일만 HTML 파일에서 접근할 수 있다.
"/favicon.ico" 또는 "favicon.ico"와는 달리 "%PUBLIC_URL%/favicon.ico"는 클라이언트
사이드 라우팅과 루트가 아닌 URL에서 모두 접근할 수 있다.
`npm run build`를 실행하면 루트가 아닌 URL을 설정하는 방법을 알 수 있다.

```html
    -->
    <title>React App</title>
  </head>
  <body>
    <noscript>
      You need to enable JavaScript to run this app.
    </noscript>
    <div id="root"></div>
    <!--
```
이 HTML 파일은 템플릿이다.
브라우저에서 이 파일을 열면 빈 페이지가 출력된다.

웹 폰트와 메타태그, 애널리틱 등을 추가할 수 있다.
빌드하면 <body> 태그 안에 관련 스크립트가 추가된다.

'npm start' 또는 'yarn start'를 실행하면 개발 모드가 실행된다.
'npm run build' 또는 'yarn build'를 실행하면 프로덕션 번들을 빌드한다.

```html
    -->
    <script src="https://code.jquery.com/jquery-3.3.1.slim.min.js"
integrity="sha384-q8i/X+965DzO0rT7abK41JStQIAqVgRVzpbzo5smXKp4YfRvH+8abtTE1Pi6ji
zo" crossorigin="anonymous"></script>
    <script
src="https://cdnjs.cloudflare.com/ajax/libs/popper.js/1.14.3/umd/popper.min.js"
integrity="sha384-ZMP7rVo3mIykV+2+9J3UJ46jBk0WLaUAdn689aCwoqbBJiSnjAK/l8WvCWPIPm
49" crossorigin="anonymous"></script>
    <script
src="https://stackpath.bootstrapcdn.com/bootstrap/4.1.1/js/bootstrap.min.js"
integrity="sha384-smHYKdLADwkXOn1EmN1qk/HfnUcbVRZyYmZ4qpPea6sjB/pTJ0euyQp0Mk8ck+
```

```
5T" crossorigin="anonymous"></script>
    </body>
</html>
```

위 코드를 복사해 public 폴더의 index.html 파일에 붙여 넣는다.

이제 프로젝트에 악기 사진을 추가하자. 모든 사진 파일은 프로젝트의 깃허브 저장소에 있다.

https://github.com/PacktPublishing/Hands-On-Full-Stack-Development-with-Go/tree/master/Chapter04/public/img

public 폴더 안에 img 폴더를 만들고 이미지를 복사한다.

다음은 상품 페이지에서 출력할 악기 목록을 JSON 형식으로 파일에 저장한다. 앞서 설명했듯이 이 리액트 앱은 JSON 파일에서 악기 정보를 읽고 표시 여부를 결정한다. Cards.json 파일을 만들고 다음 내용을 넣는다.

```json
[{
    "id" : 1,
    "img" : "img/strings.png",
    "imgalt":"string",
    "desc":"A very authentic and beautiful instrument!!",
    "price" : 100.0,
    "productname" : "Strings"
}, {
    "id" : 2,
    "img" : "img/redguitar.jpeg",
    "imgalt":"redg",
    "desc":"A really cool red guitar that can produce super cool music!!",
    "price" : 299.0,
    "productname" : "Red Guitar"
```

```json
},{
    "id" : 3,
    "img" : "img/drums.jpg",
    "imgalt":"drums",
    "desc":"A set of super awesome drums, combined with a guitar, they can
product more than amazing music!!",
    "price" : 17000.0,
    "productname" : "Drums"
},{
    "id" : 4,
    "img" : "img/flute.jpeg",
    "imgalt":"flute",
    "desc":"A super nice flute combined with some super nice musical notes!!",
    "price" : 210.0,
    "productname" : "Flute"
}]
```

현재 public 폴더의 구조는 다음과 같다.

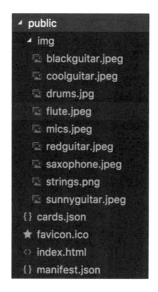

다음 절에서는 JSX와 리액트 엘리먼트를 알아본다.

JSX와 리액트 엘리먼트

JSX는 HTML과 문법이 비슷한 자바스크립트의 확장 언어라고 볼 수 있다. JSX를 사용해 리액트 엘리먼트를 만든다. HTML을 알면 JSX를 아는 것과 마찬가지다. 리액트 문서에 따르면 리액트 엘리먼트란 화면에 출력하는 요소다.

JSX 대신 일반 자바스크립트를 사용해도 된다. 하지만 리액트 커뮤니티는 JSX 사용을 권장한다. 예제를 살펴보자.

상품 페이지의 Buy 버튼은 다음과 같다.

이 버튼은 다음과 같이 JSX로 표현할 수 있는 비주얼 엘리먼트다.

```
<a href="#" className="btn btn-primary">Buy</a>
```

JSX는 HTML과 매우 비슷하다. 가장 큰 차이점은 JSX가 엘리먼트의 클래스를 설정할 때 class 대신 className 키워드를 사용한다는 점이다. 이 예제는 부트스트랩의 CSS를 사용해 엘리먼트에 스타일을 적용한다.

JSX와 HTML의 또 다른 차이점은 JSX는 캐멀 표기법camel-case naming convention을 사용한다는 점이다. 예를 들어 tabindex 속성은 JSX에서 tabIndex로 표기한다.

부트스트랩의 버튼 컴포넌트에 대한 내용은 https://getbootstrap.com/docs/4.1/components/buttons/를 참고하라. 4장에서는 프론트엔드만 구현하기 때문에 href 속성에 실제 링크를 설정하지 않는다.

JSX는 자바스크립트의 확장 언어이기 때문에 쉽게 자바스크립트 코드와 함께 사용할 수 있다. 예를 들어 다음과 같이 사용한다.

```
const btnElement = <a href="#" className="btn btn-primary">Buy</a>;
```

중괄호를 사용하면 JSX와 자바스크립트를 함께 사용할 수 있다.

```
const btnName = "Buy";
const btnElement = <a href="#" className="btn btn-primary">{btnName}</a>;
```

다음과 같이 사용해도 된다.

```
const btnName = "Buy";
const btnClass = "btn btn-primary";
const btnElement = <a href="#" className={btnClass}>{btnName}</a>;
```

HTML과 마찬가지로 엘리먼트에는 여러 자식이 있을 수 있다. 아래 예제에서 div 엘리먼트의 자식 엘리먼트는 버튼 엘리먼트다.

```
<div className="card-body">
    <a href="#" className="btn btn-primary">Buy</a>
</div>
```

리액트 엘리먼트는 일반 객체plain object이기 때문에 생성 오버헤드가 적다. ReactDOM.render() 함수를 사용해 리액트 엘리먼트를 문서 객체 모델DOM, Document Object Model로 변환한다.

```
const btnElement = <a href="#" className="btn btn-primary">Buy</a>;
ReactDOM.render(btnElement,document.getElementById('root'));
```

이 예제는 root DOM 노드 안에 버튼 엘리먼트를 생성한다.

이제 JSX를 사용해 상품 카드를 만들어보자. 상품 카드의 모양은 다음과 같다.

아래처럼 상품 정보는 미리 변수에 저장해둔다.

```
const img = "img/strings.png";
const imgalt = "string";
const desc = "A very authentic and beautiful instrument!!";
const price = 100;
const productName = "Strings";
```

위 정보를 기반으로 상품 카드를 나타내는 리액트 엘리먼트를 JSX로 작성해보자.

```
<div className="col-md-6 col-lg-4 d-flex align-items-stretch">
    <div className="card mb-3">
        <img className="card-img-top" src={img} alt={imgalt} />
        <div className="card-body">
```

```
        <h4 className="card-title">{productname}</h4>
            Price: <strong>{price}</strong>
        <p className="card-text">{desc}</p>
        <a href="#" className="btn btn-primary">Buy</a>
      </div>
    </div>
  </div>
```

class 대신 className을 사용하고 자바스크립트를 중괄호로 감싼 것 외에는 HTML 문법과 같다. 몇 개의 자식 요소를 포함하는 div 엘리먼트를 나타낸다.

위 예제에서 리액트 엘리먼트를 생성하는 데 div와 img, h4, a 태그를 사용했다. 프론트엔드 개발자라면 매일 접하는 일반적인 HTML 태그다.

부트스트랩을 사용해 상품 카드를 스타일링했다. 부트스트랩의 그리드 시스템을 활용하면 카드를 브라우저 화면에 깔끔하게 배치할 수 있다.

위 예제에서 사용한 부트스트랩의 카드 컴포넌트의 자세한 내용은 다음 링크를 참고하라.

https://getbootstrap.com/docs/4.1/components/card/

이 프로젝트에서 사용하는 모든 이미지는 https://www.pexels.com에서 무료로 제공한다.

다음 절에서는 리액트 컴포넌트를 작성해본다.

리액트 컴포넌트

앞서 정의한 엘리먼트를 리액트 프로젝트에서 제대로 사용하려면 리액트 컴포넌트로 감싸야 한다.

리액트 컴포넌트의 구성 요소는 다음과 같다.

- 'JSX와 리액트 엘리먼트' 절에서 학습한 리액트 엘리먼트
- 'props' 절에서 설명할 props
- 'state' 절에서 설명할 state

props와 state를 설명하기 전에 우선 컴포넌트의 개념을 이해해보자. 컴포넌트는 자바스크립트 클래스나 함수다. 간단한 컴포넌트를 작성하고 개념을 숙지해보자.

앞서 'JSX와 리액트 엘리먼트' 절에서 다음과 같이 카드 엘리먼트를 정의했다.

```
<div className="col-md-6 col-lg-4 d-flex align-items-stretch">
    <div className="card mb-3">
        <img className="card-img-top" src={img} alt={imgalt} />
        <div className="card-body">
            <h4 className="card-title">{productname}</h4>
                Price: <strong>{price}</strong>
            <p className="card-text">{desc}</p>
            <a href="#" className="btn btn-primary">Buy</a>
        </div>
    </div>
</div>
```

앱에서 카드 엘리먼트를 사용하려면 다음과 같이 엘리먼트를 감싸는 컴포넌트가 필요하다.

```
import React from 'react';
class Card extends React.Component {
    render() {
        const img = "img/strings.png";
        const imgalt = "string";
        const desc = "A very authentic and beautiful instrument!!";
```

```
    const price = 100;
    const productName = "Strings";
    return (
      <div className="col-md-6 col-lg-4 d-flex align-items-stretch">
        <div className="card mb-3">
          <img className="card-img-top" src={img} alt={imgalt} />
          <div className="card-body">
            <h4 className="card-title">{productname}</h4>
              Price: <strong>{price}</strong>
            <p className="card-text">{desc}</p>
            <a href="#" className="btn btn-primary">Buy</a>
          </div>
        </div>
      </div>
    );
  }
}
```

위 코드를 복사해 src 폴더의 index.js에 붙여 넣는다.

코드를 자세히 살펴보자.

- 리액트 컴포넌트는 React.Component를 상속받는 자바스크립트 클래스다.
- 리액트 컴포넌트 클래스에서 가장 중요한 메서드는 리액트 엘리먼트를 반환하는 render() 메서드다.
- 컴포넌트 이름은 대문자로 시작한다. 카드 컴포넌트의 이름은 소문자 c가 아닌 대문자 C로 시작한다.

컴포넌트의 이름이 왜 대문자로 시작해야 하는지 궁금할 것이다.

리액트 컴포넌트는 JSX에서 DOM 태그로 사용할 수 있다. 따라서 div와 같은 일반 DOM 태그와 컴포넌트 DOM 태그를 구별하려면 이름을 대문자로 시작하는 것이 좋다.

126

다음과 같이 리액트 컴포넌트를 일반 DOM 태그처럼 reactDOM.render()를 사용해 렌더링한다.

```
reactDOM.render(<Card/>,document.getElementById('root'));
```

HTML 파일의 루트 div 안에 컴포넌트를 렌더링한다.

다음 절에서는 리액트 애플리케이션의 설계를 살펴본다.

리액트 애플리케이션 설계

이제 컴포넌트를 사용해 리액트 애플리케이션을 설계해보자. 리액트 애플리케이션은 서로 통신하는 여러 컴포넌트로 구성된다. 우선 여러 컴포넌트로의 진입점 역할을 하는 메인 컴포넌트가 필요하다. 리액트 커뮤니티는 컴포넌트 상속보다 컴포지션을 선호한다. 이 책에서 부모와 자식 컴포넌트 관계란 자식이 부모 클래스를 상속받는 구조가 아닌, 부모 컴포넌트가 하나 이상의 자식 컴포넌트를 포함하는 구조를 의미한다.

컴포지션^{Composition}이란 모든 컴포넌트 클래스가 React.Component를 상속받고 부모 컴포넌트가 자식 컴포넌트를 렌더링한다는 뜻이다. 다음 예제를 보면 쉽게 이해할 수 있다.

상품 페이지에는 상품 목록을 나타내는 CardContainer 컴포넌트와 개별 상품을 나타내는 Card 컴포넌트가 있다.

CardContainer 컴포넌트는 부모이고 Card 컴포넌트는 자식이다.

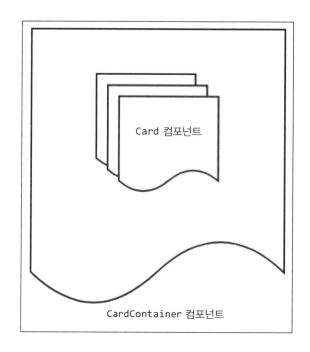

CardContainer 컴포넌트

2개의 컴포넌트 모두 React.Component를 상속받는다. CardContainer 컴포넌트는 여러 상품의 정보를 출력하는 상품 페이지에 Card 컴포넌트를 렌더링한다. CardContainer 컴포넌트 코드를 살펴보기 전에 CardContainer에서 Card로 상품 정보를 어떻게 넘기는지 알아보자.

다음 절에서는 props와 state를 설명한다.

props

상품 목록에는 여러 개의 상품이 있기 때문에 여러 개의 Card 컴포넌트가 필요하다. Card 컴포넌트를 상품 개수만큼 하드코드하는 것은 비효율적이다. 한 개의 컴포넌트로 처리하는 방법이 필요하다. 앞서 정의한 CardContainer 컴포넌트를 보면 Card 컴포넌트로 상품 정보를 전달한다. 부모 컴포넌트가 자식 컴포넌트에게 필요한 데이터를 전달하는 구조다.

Card 컴포넌트가 직접 데이터를 조회하지 않고 왜 CardContainer 컴포넌트가 Card 컴포넌트로 데이터를 전달해야 하는지 의문이 들 수도 있다. 이유는 단순하다. 가능한 최상위 부모 컴포넌트에서 데이터를 관리하고 자식 컴포넌트로 전달하는 구조가 가장 효율성이 높기 때문이다. 이 구조를 통해 자식 컴포넌트들과 부모 컴포넌트는 서로 동기화될 수 있다.

이 프로젝트에서 모든 상품 정보를 관리하는 최상위 컴포넌트는 CardContainer 컴포넌트이고 Card 컴포넌트는 개별 상품의 정보를 전달받는다. 리액트에서 부모와 자식 컴포넌트 간의 데이터 전달은 props 객체를 사용한다. props는 properties(속성)의 줄임말이다.

this.props를 통해 리액트 컴포넌트 안에서 전달받은 속성에 접근할 수 있다. 이미 Card 컴포넌트의 props에 상품 정보가 있다고 가정하고 Card 컴포넌트를 작성해보자.

```
import React from 'react';

class Card extends React.Component {
  render() {
    return (
      <div className="col-md-6 col-lg-4 d-flex align-items-stretch">
        <div className="card mb-3">
          <img className="card-img-top" src={this.props.img}
alt={this.props.imgalt} />
          <div className="card-body">
            <h4 className="cardtitle">{this.props.productname}</h4>
              Price: <strong>{this.props.price}</strong>
            <p className="card-text">{this.props.desc}</p>
            <a href="#" className="btn btn-primary">Buy</a>
          </div>
        </div>
      </div>
    );
```

```
    }
}
```

코드를 보면 this.props를 통해 props 객체에 접근한다. 상품 정보가 props를 통해 전달됐다고 가정했기 때문에 props 객체에 필요한 모든 정보가 있다.

어떻게 props를 통해 부모 컴포넌트(CardContainer)에서 자식 컴포넌트(Card)로 정보를 전달할 수 있을까?

방법은 간단하다. 컴포넌트 이름이 JSX에서 DOM 태그가 되기 때문에 다음과 같이 JSX에서 컴포넌트를 사용할 수 있다.

```
<Card img="img/strings.png" alt="strings" productName="Strings" price='100.0'
desc="A very authentic and beautiful instrument!!" />
```

JSX를 사용해 개별 상품 카드 컴포넌트를 나타내는 리액트 엘리먼트를 만든다. 태그 이름은 Card이고 props는 속성을 통해 전달한다. 위에서 작성한 Card 컴포넌트를 보면 props의 필드명과 Card 엘리먼트의 속성명이 같다. Card 컴포넌트가 전달받은 props 객체에는 img와 alt, productName, price, desc 필드가 있다.

카드 2장을 포함하는 간단한 CardContainer 컴포넌트를 만들어보자. 지금까지 학습한 내용에 따르면 리액트 컴포넌트를 만드는 방법은 다음과 같다.

- React.Component를 상속받는 클래스를 정의한다.
- React.Component의 render() 메서드를 오버라이드한다.

코드로 작성하면 다음과 같다.

```
class CardContainer extends React.Component{
  render(){
    return(
      <div>
        <Card key='1' img="img/strings.png" alt="strings"
productName="Strings" price='100.0' desc="A very authentic and beautiful
instrument!!" />
        <Card key='2' img="img/redguitar.jpeg" alt="redg" productName="Red
Guitar" price='299.0' desc="A really cool red guitar that can produce super cool
music!!" />
      </div>
    );
  }
}
```

위 코드에는 2가지 중요한 부분이 있다.

- 부모 div 엘리먼트 안에 2개의 Card 엘리먼트가 있다. render() 메서드는 단 한 개의 리액트 엘리먼트만 반환할 수 있다.
- Card 컴포넌트에 key 속성이 추가됐다. key 속성은 엘리먼트 리스트를 렌더링할 때 중요한 예약된 속성이며 형제 엘리먼트 사이에서 고유해야 한다. 위 예제는 여러 Card 컴포넌트를 렌더링하기 때문에 key 속성이 필요하다. 리액트는 이 키를 사용해 리렌더링해야 하는 컴포넌트를 파악한다. 컴포넌트는 props 객체에서 key를 참조할 수 없다. 대신 키의 추가, 제거, 변경 여부를 모니터하고 어떤 컴포넌트를 리렌더링해야 하는지, 어떤 컴포넌트를 유지해야 하는지 결정한다.

render() 메서드는 다음과 같이 리팩토링할 수 있다.

```
render() {
```

```
    // 카드 정보 하드코딩
    const cards = [{
        "id" : 1,
        "img" : "img/strings.png",
        "imgalt":"string",
        "desc":"A very authentic and beautiful instrument!!",
        "price" : 100.0,
        "productname" : "Strings"
    }, {
        "id" : 2,
        "img" : "img/redguitar.jpeg",
        "imgalt":"redg",
        "desc":"A really cool red guitar that can produce super cool music!!",
        "price" : 299.0,
        "productname" : "Red Guitar"
    }];
    // 카드를 나타내는 JSX 엘리먼트의 리스트
    const cardItems = cards.map(card =>
        <Card key={card.id} img={card.img} alt={card.imgalt}
productName={card.productname} price={card.price} desc={card.desc} />
    );
    return (
        <div>{cardItems}</div>
    );
}
```

앞서 상품 정보를 하드코딩했지만 이번에는 map() 자바스크립트 메서드를 사용해 리액트 엘리먼트 리스트를 생성한다. 이 목록을 div 부모 엘리먼트에 추가하고 render() 메서드에서 반환한다.

위 코드를 더 간결하게 만들 수 있다. 카드 아이템의 값을 일일이 속성으로 추가하는 일은 번거롭다. 다음 문법을 사용하면 더 간결해진다.

```
const cardItems = cards.map(
    card => <Card key={card.id} {...card} />
);
```

… 구문은 해당 객체의 모든 속성을 Card 컴포넌트로 전달한다. card 객체의 속성명과 Card 컴포넌트에서 접근하는 props의 필드명이 동일하기 때문에 에러가 발생하지 않는다. card 객체에는 key 대신 id 필드가 있기 때문에 key 속성은 직접 추가해야 한다.

이제 Card 컴포넌트 대신 CardContainer 컴포넌트가 상품 페이지의 메인 컴포넌트다. 다음과 같이 HTML 파일의 루트 div에 CardContainer 컴포넌트를 렌더링한다.

```
ReactDOM.render(
    <CardContainer />,
    document.getElementById('root')
);
```

state

마지막으로 리액트 라이브러리에서 중요한 개념은 state 객체다. props를 사용하면 컴포넌트에서 컴포넌트로 데이터를 전달할 수 있다. 하지만 앞서 'props' 절에서 작성한 예제처럼 프로덕션 버전에 데이터를 하드코딩할 수는 없다. 상품 페이지의 악기 정보는 하드코딩하지 않고 외부 자원에서 읽어 와야 한다. 실제로는 서버 측 API를 통해 데이터를 받아야 하지만 cards.json이라는 JSON 파일에서 악기 정보를 읽는다. 리액트에서 데이터는 state 객체에 저장한다.

다음 절에서는 state 객체를 초기화하고 설정하는 방법을 알아본다.

state 객체 초기화

state 객체는 리액트 컴포넌트의 생성자[constructor]에서 초기화한다. 상품 페이지에서 필요한 데이터는 상품 정보다. 다음과 같이 state 객체를 초기화한다.

```
class CardContainer extends React.Component {
    constructor(props) {
        // 부모 컴포넌트로 props 전달
        super(props);
        // 컴포넌트의 state 객체 초기화
        this.state = {
            cards: []
        };
    }

    /* 나머지 컴포넌트 로직 */
}
```

컴포넌트의 생성자의 매개변수는 props 객체다. 가장 먼저 생성자를 통해 부모 React.Component 객체에 props를 전달한다.

두 번째로 state 객체를 초기화한다. state 객체는 컴포넌트의 로컬 객체이며 다른 컴포넌트와 공유되지 않는다. 위 예제의 state 객체에는 악기 카드 목록을 나타내는 cards를 저장한다.

state 설정

state 객체에 악기 카드 목록을 저장해보자. 리액트 state 객체에 값을 저장할 때는 컴포넌트 클래스의 setState() 메서드를 사용한다. 다음과 같이 state 객체에 2개의 상품 카드를 저장한다.

```
this.setState({
    cards: [{
        "id" : 1,
        "img" : "img/strings.png",
        "imgalt":"string",
        "desc":"A very authentic and beautiful instrument!!",
        "price" : 100.0,
        "productname" : "Strings"
    }, {
        "id" : 2,
        "img" : "img/redguitar.jpeg",
        "imgalt":"redg",
        "desc":"A really cool red guitar that can produce super cool music!!",
        "price" : 299.0,
        "productname" : "Red Guitar"
    }]
});
```

CardContainer 컴포넌트의 render() 메서드는 다음과 같이 수정한다.

```
render(){
    const cards = this.state.cards;
    let items = cards.map(
        card => <Card key={card.id} {...card} />
    );
    return (
        <div className='container pt-4'>
            <h3 className='text-center text-primary'>Products</h3>
            <div className="pt-4 row">
                {items}
            </div>
        </div>
    );
}
```

이 예제는 다음 두 가지 작업을 한다.

- state 객체에서 상품 카드 정보 조회
- 부트스트랩 프레임워크를 사용해 상품 페이지 스타일링

여전히 컴포넌트 안에 상품 정보를 하드코딩하고 있다. 옳지 않은 방법이다. '프로젝트 설정' 절에서 cards.json 파일에 모든 상품 정보를 저장했다. 이 파일에서 데이터를 읽고 state에 저장해야 한다. 다음과 같이 최신 브라우저에서 많이 쓰이는 fetch() 메서드를 사용해 cards.json 파일에서 데이터를 읽고 state 객체에 저장한다.

```
fetch('cards.json')
.then(res => res.json())
.then((result) => {
  this.setState({
    cards: result
  });
});
```

위 코드는 state 객체에 데이터를 저장한다. 상용 애플리케이션에서는 로컬 파일 대신 API 호출을 통해 데이터를 받아온다. 어느 부분에 해당 로직을 추가해야 할지 생각해보자.

리액트에는 라이프 사이클life cycle 메서드라는 개념이 있다. 라이프 사이클 메서드란 해당 컴포넌트의 라이프 사이클 이벤트가 발생할 때마다 실행되는 메서드다. 예를 들어 컴포넌트가 마운트되면 componentDidMount() 메서드를 호출한다. 이 메서드를 오버라이드하면 컴포넌트가 마운트될 때마다 해당 코드가 실행된다. 외부 소스에서 전달받은 데이터로 state를 초기화하는 로직은 componentDidMount() 메서드에 넣는 것이 좋다. 위 예제의 경우 card.json 로컬 파일에서 데이터를 읽지만 상용

애플리케이션의 데이터는 외부 소스에서 불러온다. 우선 componentDidMount()에 초기화 로직을 추가하고 추후에 API를 호출하는 방식으로 변경하자.

```
componentDidMount() {
    fetch('cards.json')
    .then(res => res.json())
    .then((result) => {
      this.setState({
          cards: result
      });
    });
}
```

위 코드를 마지막으로 CardContainer 컴포넌트가 완성됐다. 전체 클래스 구현은 다음과 같다.

```
class CardContainer extends React.Component {
    constructor(props) {
        super(props);
        this.state = {
            cards: []
        };
    }

    componentDidMount() {
        fetch('cards.json')
        .then(res => res.json())
        .then((result) => {
          this.setState({
              cards: result
          });
        });
    }
```

```
render() {
    const cards = this.state.cards;
    let items = cards.map(
        card => <Card key={card.id} {...card} />
    );
    return (
        <div className='container pt-4'>
            <h3 className='text-center text-primary'>Products</h3>
            <div className="pt-4 row"> {items} </div>
        </div>
    );
}
}
```

이제 리액트 프레임워크를 사용해 애플리케이션을 개발하는 데 충분한 기반을 다졌다.

개발 툴

리액트 커뮤니티는 매우 열정적이다. 페이스북은 리액트 앱 디버깅과 문제 해결에 사용할 수 있는 다양한 툴을 공개했다. https://github.com/facebook/react-devtools 에서 확인할 수 있다. 개발 툴은 크롬과 파이어폭스 익스텐션이나 독립적인 앱 형태로 제공된다.

크롬 익스텐션을 살펴보자. 익스텐션은 다음 링크에서 다운로드한다.

https://chrome.google.com/webstore/detail/react-developer-tools/fmkadmapgofadopljbjfkapdkoienihi

Chrome React Developer Tools를 설치하고 크롬 개발자 툴에서 다음과 같이 실행한다.

크롬에서 개발자 툴을 실행하면 React 탭이 있다.

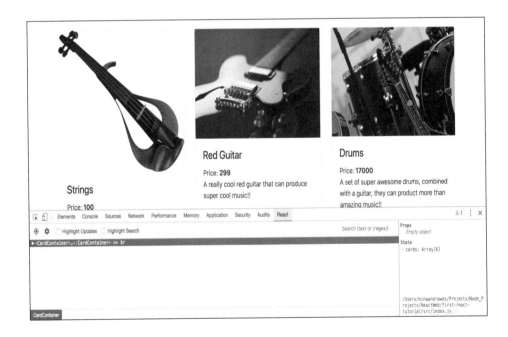

하단 창에 리액트 컴포넌트가 표시된다. 스크린샷을 보면 상품 페이지의 시작점은 CardContainer 컴포넌트다.

리액트 개발 툴에 표시되는 모든 컴포넌트의 자식 컴포넌트와 속성을 조회할 수 있다.

툴을 사용하면 쉽게 리액트 앱을 분석하고 문제를 해결할 수 있다. 개발 툴에 어떤 기능이 있는지 충분히 사용해보길 권한다.

▌ 요약

4장에서는 리액트 앱을 설계하고 개발하는 방법을 학습했다. 리액트 엘리먼트와 컴포넌트, props, state 등 리액트의 핵심 개념을 살펴봤다. JSX와 HTML의 문법이 비슷하다는 것도 직접 확인했다. 리액트 프레임워크는 웹 사이트를 개발하는 데 매우 유용한 프레임워크다. 전 세계적으로 많은 개발자의 인기를 끌고 있는 이유가 있다.

5장에서는 4장에서 학습한 내용을 바탕으로 GoMusic 웹 사이트의 프론트엔드 개발을 마무리한다.

▌ 질문거리

1. 리액트란 무엇인가?
2. JSX란 무엇인가?
3. 리액트 엘리먼트란 무엇인가?
4. props의 역할은 무엇인가?
5. 리액트 state는 무엇인가?
6. 리액트 컴포넌트란?
7. 컴포넌트의 생성자에서 해야 할 두 가지 작업은?
8. 리액트 컴포넌트 클래스에서 가장 중요한 메서드는?
9. 라이프 사이클 메서드란?
10. key 속성은 무엇이고 왜 중요한가?

▌ 더 읽을거리

더 자세한 내용은 다음 링크를 참고하라.

- **리액트 공식 웹 사이트:** https://reactjs.org/
- **리액트 문서:** https://reactjs.org/docs/hello-world.html
- **리액트 튜토리얼:** https://reactjs.org/tutorial/tutorial.html

05

GoMusic 프론트엔드 개발

이제 프로젝트 개발을 본격적으로 시작해보자. 4장에서 설명했듯이 이 책의 메인 프로젝트는 GoMusic 온라인 악기 전문 쇼핑몰이다. 5장에서는 리액트 프레임워크를 사용해 쇼핑몰의 프론트엔드를 개발한다. GoMusic은 다음과 같이 대부분의 온라인 쇼핑몰에 있는 기능을 지원한다.

- 사용자가 원하는 상품 주문
- 세일 품목과 프로모션을 보여주는 프로모션 페이지
- 사용자별 개인 설정을 위한 계정 생성과 로그인

5장에서 구현하는 프론트엔드는 다음과 같은 3개의 메인 컴포넌트로 구성된다.

- 모든 사용자가 접속할 수 있는 메인 페이지

- 상품 주문과 계정 생성, 로그인할 때 띄우는 모달 윈도^{modal window}
- 로그인한 사용자의 개인 설정을 보여주는 사용자 페이지

5장에서 다루는 내용은 다음과 같다.

- 리액트 애플리케이션 개발
- 스트라이프^{Stripe}를 사용해 프론트엔드에 신용카드 결제 처리
- 모달 윈도 추가
- 라우트^{route} 설계

▌ 준비물과 기술적 요구 사항

4장에서 이미 리액트 프레임워크의 핵심 구성 요소를 설명했다. 반드시 읽어보기를 권한다.

준비물은 4장과 동일하다. 필요한 사전 지식과 툴은 다음과 같다.

- npm
- 리액트 프레임워크
- Create React App 툴을 다음 명령어로 설치한다.

```
npm install -g create-react-app
```

- 부트스트랩 프레임워크
- ES6와 HTML, CSS를 사용해 여러 컴포넌트에서 HTML 폼을 사용할 것이다.

5장에서 작성하는 모든 코드와 파일은 다음 링크에서 확인할 수 있다.

https://github.com/PacktPublishing/Hands-On-Full-Stack-Development-with-Go/tree/master/Chapter05

GoMusic 프로젝트

이제 GoMusic 온라인 쇼핑몰 개발을 시작해보자. 우선 Create React App 툴을 사용해 새로운 리액트 애플리케이션 프로젝트를 생성한다. 터미널을 실행하고 프로젝트 폴더로 이동한 후에 다음 명령어를 실행한다.

```
create-react-app gomusic
```

위 명령어는 리액트 애플리케이션 프로젝트의 기본 뼈대를 구성하는 gomusic 폴더를 생성한다.

다음 명령어로 gomusic 폴더로 이동한다.

```
cd gomusic
```

이 폴더에는 node_modules, public, src 총 3개의 폴더가 있다. 코드를 작성하기 전에 우선 src 폴더에서 몇 개의 파일을 삭제해야 한다.

src 폴더에서 다음 파일을 삭제한다.

- app.css
- index.css
- logo.svg

다음은 다음 링크에 있는 깃허브 저장소의 파일들을 public 폴더에 복사한다.

https://github.com/PacktPublishing/Hands-On-Full-Stack-Development-with-Go/tree/master/Chapter05/public

위 경로에는 프로젝트에 필요한 이미지 파일과 데이터를 나타내는 JSON 파일, jQuery와 부트스트랩 프레임워크를 포함하는 HTML 파일이 있다.

다음 절에서는 애플리케이션의 메인 페이지부터 살펴본다.

메인 페이지

GoMusic의 메인 페이지는 로그인 여부와 상관없이 모든 사용자가 볼 수 있는 페이지다. 총 3개의 메인 페이지가 있다.

- 상품 목록 페이지, Home 페이지
- Promotions 페이지
- About 페이지

첫 페이지는 상품 목록 페이지다. 화면 구성은 다음과 같다.

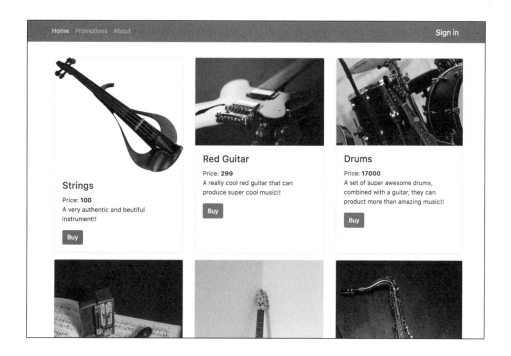

위 스크린샷에서 볼 수 있듯이 탐색 메뉴를 통해 3개의 메인 페이지 사이를 이동할 수 있다. Home 메뉴는 모든 사용자가 볼 수 있는 상품 목록 페이지를 가리킨다.

두 번째 페이지는 Promotions 페이지다. Home 페이지와 매우 비슷하지만 할인 중인 상품만 보여준다. 상품 가격은 프로모션을 강조하고자 빨간 글씨로 나타낸다.

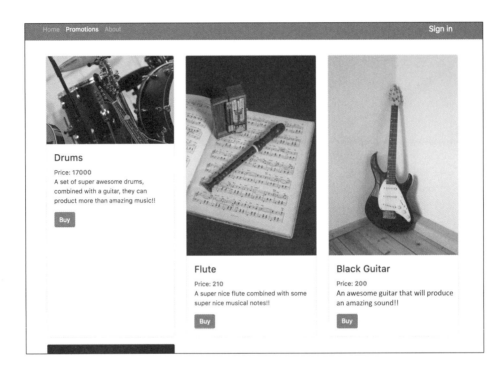

세 번째 페이지는 GoMusic 쇼핑몰의 정보를 보여주는 About 페이지다.

상단 탐색 메뉴의 우측에 Sign in 버튼을 클릭하면 계정을 생성하거나 로그인할 수 있는 모달 윈도우가 나타난다. 모달 윈도우는 '모달 윈도우와 신용카드 결제' 절에서 설명한다. 이제 각 메인 페이지를 나타내는 리액트 컴포넌트를 작성해보자.

src 폴더에 다음 3개의 파일을 생성한다.

- Navigations.js: 탐색 메뉴 컴포넌트
- ProductCards.js: Home과 Promotions 페이지 컴포넌트
- About.js: About 페이지 컴포넌트

탐색 메뉴 컴포넌트부터 작성한다.

탐색 메뉴

첫 번째 컴포넌트는 모든 메인 페이지를 연결하는 탐색 메뉴 컴포넌트다.

Home Promotions About	Sign in

리액트 프레임워크에서 react-router-dom 패키지를 사용하면 쉽게 탐색 메뉴를 만들 수 있다. 터미널을 열고 다음 명령어를 실행하면 패키지가 설치된다.

```
npm install --save react-router-dom
```

패키지 설치가 끝나면 바로 사용할 수 있다. Navigation.js 파일을 만들고 코드를 작성해보자.

메뉴를 만드는 데 필요한 다음 2개의 패키지를 임포트한다.

- react 패키지
- react-router-dom 패키지

react-router-dom에서 NavLink 클래스를 익스포트한다. NavLink 클래스는 다른 리액트 컴포넌트로 이동하는 링크를 생성하는 리액트 컴포넌트다.

```
import React from 'react';
import {NavLink} from 'react-router-dom';
```

다음은 Navigation이라는 새로운 리액트 컴포넌트를 정의한다.

```
export default class Navigation extends React.Component{
}
```

4장에서 설명했듯이 컴포넌트의 뷰를 만들려면 render() 메서드를 오버라이드해야
한다.

```
export default class Navigation extends React.Component{
    render(){
        // 메뉴를 표현하는 코드
    }
}
```

다음과 같이 render() 메서드에서 부트스트랩 프레임워크와 NavLink를 사용해 탐
색 메뉴를 생성한다.

```
export default class Navigation extends React.Component{
    render(){
        // 메뉴를 표현하는 코드
        return (
            <div>
                <nav className="navbar navbar-expand-lg navbar-dark bgsuccess fixed-top">
                    <div className="container">
                        <button type="button" className="navbar-brand order-1 btn
btn-success" onClick={() => {this.props.showModalWindow();}}>Sign in</button>
                        <div className="navbar-collapse" id="navbarNavAltMarkup">
                            <div className="navbar-nav">
```

```
                        <NavLink className="nav-item nav-link" to="/">Home
                        </NavLink>
                        <NavLink className="nav-item nav-link" to="/promos">
                            Promotions
                        </NavLink>
                        <NavLink className="nav-item nav-link" to="/about">
                            About
                        </NavLink>
                    </div>
                </div>
            </div>
        </nav>
    </div>
    );
  }
}
```

위 코드는 부트스트랩 프레임워크를 사용해 탐색 메뉴를 스타일링한다. Sign in 버
튼을 클릭하면 props의 showModalWindow()를 호출한다. 이 함수는 로그인 모달 윈
도를 화면에 출력한다.

```
<button type="button" className="navbar-brand order-1 btn btn-success" onClick={()
=> { this.props.showModalWindow();}}>Sign in</button>
```

탐색 메뉴를 출력하는 컴포넌트가 완성됐다. 방금 작성한 코드는 '사용자 페이지
탐색 메뉴' 절에서 자세히 설명한다.

다음 절에서는 Products와 Promotions 페이지를 만든다.

Products와 Promotions 페이지

상품 페이지 컴포넌트를 작성해보자. 4장에서 작성했던 상품 페이지 예제와 비슷하다. ProductsCards.js 파일을 만들고 아래와 같이 코드를 작성한다.

```
import React from 'react';

class Card extends React.Component {
    render() {
        const priceColor = (this.props.promo)? "text-danger" : "text-dark";
        const sellPrice = (this.props.promo)?this.props.promotion:this.props.price;
        return (
            <div className="col-md-6 col-lg-4 d-flex align-items-stretch">
                <div className="card mb-3">
                    <img className="card-img-top" src={this.props.img}
alt={this.props.imgalt} />
                    <div className="card-body">
                        <h4 className="cardtitle">{this.props.productname}</h4>
                        Price: <strong className={priceColor}>{sellprice}</strong>
                        <p className="card-text">{this.props.desc}</p>
                        <a className="btn btn-success text-white"
onClick={()=>{this.props.showBuyModal(this.props.ID,sellPrice)}}>Buy</a>
                    </div>
                </div>
            </div>
        );
    }
}
```

Card 클래스는 개별 상품 카드 컴포넌트를 나타낸다. 부트스트랩 프레임워크를 사용해 카드를 스타일링한다.

다음 몇 가지 부분을 제외하면 4장에서 작성한 상품 카드 코드와 거의 같다.

- 부트스트랩의 .btn-success 클래스로 Buy 버튼을 초록색으로 설정한다.

152

- 가격을 나타내는 글자의 색깔을 설정하는 priceColor 변수를 추가한다. 이 변수는 props의 promo 값이 true이면 빨간색, false이면 검은색으로 설정한다.
- Buy 버튼을 클릭하면 showBuyModal()를 호출하고 모달 윈도를 출력한다. '모달 윈도와 신용카드 결제' 절에서 설명한다.

promo 필드의 값에 따라 2가지 종류의 카드가 출력된다. promo 값이 false인 화면은 다음과 같다.

promo 값이 true인 화면은 다음과 같다.

다음은 ProductsCards.js 파일에 CardContainer 컴포넌트를 작성한다. 다음 화면처럼 페이지에 모든 상품 카드를 출력하는 컴포넌트다.

Strings

Price: **100**
A very authentic and beautiful
instrument!!

Red Guitar

Price: **299**
A really cool red guitar that can produce
super cool music!!

Drums

Price: **17000**
A set of super awesome drums,
combined with a guitar, they can
product more than amazing music!!

Flute

Price: **210**
A super nice flute combined with some
super nice musical notes!!

Black Guitar

Price: **200**
An awesome guitar that will produce
an amazing sound!!

Saxophone

Price: **1000**
A great saxophone for a great
musician!!

컴포넌트 클래스를 다음과 같이 정의한다.

```
export default class CardContainer extends React.Component{
    // 코드
}
```

마찬가지로 4장에서 작성한 코드와 비슷하다. 컴포넌트의 생성자를 작성해보자. 컴포넌트의 state 객체에 모든 상품 정보를 저장한다.

```
export default class CardContainer extends React.Component{
    constructor(props) {
        super(props);
        this.state = {
            cards: []
        };
    }
}
```

앞서 4장에서 상품 카드 정보를 public 폴더의 cards.json 파일에 저장했다. 다음과 같이 JSON 형식으로 상품 ID와 이미지, 설명, 가격, 이름 등의 정보가 저장돼 있다.

```
[{
    "id" : 1,
    "img" : "img/strings.png",
    "imgalt":"string",
    "desc":"A very authentic and beautiful instrument!!",
    "price" : 100.0,
    "productname" : "Strings"
}, {
    "id" : 2,
    "img" : "img/redguitar.jpeg",
    "imgalt":"redg",
    "desc":"A really cool red guitar that can produce super cool music!!",
    "price" : 299.0,
    "productname" : "Red Guitar"
},{
    "id" : 3,
    "img" : "img/drums.jpg",
    "imgalt":"drums",
```

```
    "desc":"A set of super awesome drums,
    "price" : 17000.0,
    "productname" : "Drums"
}]
```

프로젝트의 public 폴더에는 할인과 프로모션 정보를 담은 promos.json 파일도 있다. promos.json과 cards.json 파일의 데이터 형식은 같다.

CardContainer 생성자를 생성했다면 다음으로 componentDidMount() 메서드를 오버라이드한다. 이 메서드에 cards.json과 promos.json 파일에서 상품 정보를 읽는 코드를 추가한다. cards.json에서 상품 카드 정보를 읽고, 상품 할인과 프로모션 정보는 promos.json에서 읽는다. 상품 카드 정보가 저장된 위치가 변경될 수 있기 때문에 다음과 같이 location 필드를 참조한다.

```
componentDidMount() {
    fetch(this.props.location)
    .then(res => res.json())
    .then((result) => {
        this.setState({
            cards: result
        });
    });
}
```

fetch() 메서드를 호출한 후 this.props.location에 저장된 값이 나타내는 파일에서 데이터를 읽는다. 메인 상품 페이지라면 location 값은 cards.json이고 프로모션 페이지라면 이 값은 promos.json이다. 읽은 데이터는 CardContainer 컴포넌트의 state 객체에 저장한다.

마지막으로 CardContainer 컴포넌트의 render() 메서드를 오버라이드한다. 다음과 같이 컴포넌트의 state 객체에 저장된 상품 카드 정보를 Card 컴포넌트의 속성으로 전달한다.

```
render(){
    const cards = this.state.cards;
    let items = cards.map(
        card => <Card key={card.id} {...card} promo={this.props.promo}
showBuyModal={this.props.showBuyModal} />
    );
    return (
        <div>
            <div className="mt-5 row">
                {items}
            </div>
        </div>
    );
}
```

'부모 StripeProvider 컴포넌트 생성' 절에서 상품 주문 모달 윈도를 띄우는 showBuyModal 함수를 Card 컴포넌트의 속성으로 전달할 것이다. showBuyModal 메서드의 매개변수는 상품 ID와 상품 가격이다.

위 코드는 4장에서 작성한 CardContainer 컴포넌트 코드와 비슷하다. Card 컴포넌트에 promo 속성을 전달하는 부분만 추가됐다. promo 속성은 해당 상품의 프로모션 여부를 나타낸다.

다음 절에서는 About 페이지를 만든다.

About 페이지

다음과 같은 화면의 About 페이지를 추가해보자.

src 폴더에 About.js 파일을 생성하고 **react** 패키지를 임포트한다.

```
import React from 'react';
```

컴포넌트를 작성해보자. 일반적으로 React.Component 클래스를 상속받는 클래스를 만들지만 About 페이지에 더 적합한 새로운 방식을 소개한다.

간단한 컴포넌트는 일반 클래스보다 함수형functional 컴포넌트로 정의하는 것이 더 적합하다. 함수형 컴포넌트는 다음과 같이 정의한다.

```
export default function About(props){
    return (
        <div className="row mt-5">
            <div className="col-12 order-lg-1">
                <h3 className="mb-4">About the Go Music Store</h3>
                <p>Go music is a modern online musical instruments store</p>
                <p>Explore how you can combine the power of React and Go, to build a fast
and beautiful looking online store.</p>
                <p>We will cover how to build this website step by step.</p>
            </div>
        </div>
    );
}
```

함수형 컴포넌트는 매개변수가 props 객체인 함수다. 컴포넌트가 출력하려는 뷰를 나타내는 JSX 객체를 반환한다. 위 함수는 뷰를 반환하는 render() 메서드를 오버라이드하는 React.Component 상속 클래스와 동일하다.

최신 버전 리액트의 함수형 컴포넌트는 Hook 기능을 통한 state 객체 사용을 지원한다. Hook을 사용하면 함수형 컴포넌트에서 state를 초기화하고 사용할 수 있다. 리액트 매뉴얼에 나온 다음 state 카운터 예제를 참고하라.

```
import React, { useState } from 'react';

function Example() {
    // count state 변수 선언
    const [count, setCount] = useState(0);

    return (
        <div>
            <p>You clicked {count} times</p>
            <button onClick={() => setCount(count + 1)}>
                Click me
            </button>
        </div>
    );
}
```

이 프로젝트에서 Hook은 사용하지 않는다. Hook의 자세한 설명은 다음 링크를 참고하라.

https://reactjs.org/docs/hooks-intro.html

Card 컴포넌트 역시 구조가 간단하고 render() 메서드 외의 생성자와 특별한 로직이 없기 때문에 함수형 컴포넌트로 적합하다.

다음 절에서는 모달 윈도를 구현한다.

모달 윈도와 신용카드 결제 처리

이제 모달 윈도를 구현해보자. 모달 윈도란 웹 사이트에 오버레이되는 작은 임시 창이다. 이 프로젝트에는 2개의 모달 윈도가 있다.

- Buy Item 모달 윈도
- Sign in 모달 윈도

상품 주문 모달 윈도

상품 주문 모달 윈도부터 구현한다. 사용자가 아래 화면의 Buy 버튼을 클릭하면 모달 윈도가 나타난다.

다음과 같은 모달 윈도를 출력한다.

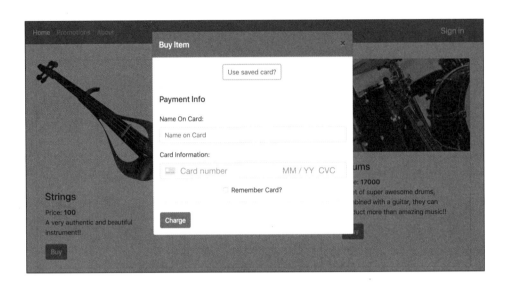

모달 윈도는 메인 웹 사이트 화면 위에 열리는 작은 윈도다. 사용자는 메인 웹 사이트 사용 중 이곳에 정보를 입력할 수 있다. 모달 윈도는 최신 웹 사이트에서 많이 쓰이는 유용한 기술이다. 여기서 구현하는 모달 윈도는 신용카드 정보를 입력받는다.

코드를 작성하기 전에 **reactstrap** 패키지를 설치한다. 이 패키지는 부트스트랩 프레임워크의 일부 기능을 리액트 컴포넌트를 통해 제공한다. `Modal` 컴포넌트를 사용하면 리액트에서 모달 윈도를 쉽게 생성할 수 있다. 터미널을 실행하고 프로젝트 메인 폴더에서 다음 명령어를 실행한다.

```
npm install --save reactstrap
```

src 폴더에 modalwindows.js 파일을 생성하고 모달 윈도를 구현하자. 우선 리액트 라이브러리를 임포트한다.

```
import React from 'react';
```

다음은 reactstrap 패키지에서 모달에 관련된 컴포넌트를 임포트한다.

```
import { Modal, ModalHeader, ModalBody } from 'reactstrap';
```

상품 주문 모달 윈도를 나타내는 BuyModalWindow 컴포넌트를 다음과 같이 선언한다.

```
export class BuyModalWindow extends React.Component{
}
```

다른 파일에서 이 클래스를 사용하기 때문에 export 키워드를 사용한다. 부트스트랩 프레임워크를 사용해 모달 윈도를 스타일링한다. Card 컴포넌트의 Buy 버튼을 클릭하면 #buy ID에 해당하는 모달 윈도를 출력한다. 모달 윈도 컴포넌트를 다음과 같이 정의한다.

```
export class BuyModalWindow extends React.Component{
    render() {
        return (
            <Modal id="buy" tabIndex="-1" role="dialog" isOpen={props.showModal}
toggle={props.toggle}>
                <div role="document">
                    <ModalHeader toggle={props.toggle} className="bg-success text-white">
                        Buy Item
                    </ModalHeader>
                    <ModalBody>
                        {/* 신용카드 결제 폼*/}
                    </ModalBody>
                </div>
            </Modal>
        );
    }
}
```

이 클래스는 초록색 헤더와 닫기 버튼, 비어있는 바디가 있는 모달 윈도를 캡슐화하는 리액트 컴포넌트다. 신용카드 결제 폼은 '리액트와 스트라이프를 이용한 신용카드 결제 처리' 절에서 구현한다. 여기서 사용한 reactstrap 패키지가 제공하는 Modal 컴포넌트는 모달 윈도의 헤더를 스타일링하는 ModalHeader 컴포넌트와 바디를 정의하는 ModalBody 컴포넌트로 구성된다.

Modal 컴포넌트에는 다음과 같은 2개의 중요한 속성이 있다.

- **isOpen:** 모달 윈도 출력 여부를 나타내는 불리언 속성. 이 값이 True이면 출력하고 False이면 출력하지 않는다.
- **toggle:** isOpen 값을 토글하는 콜백[callback] 함수

이전 코드를 약간 수정해보자. BuyModalWindow 컴포넌트는 render() 메서드만 있는 클래스이기 때문에 함수형 컴포넌트로 적합하다.

```
export function BuyModalWindow(props){
    return (
        <Modal id="buy" tabIndex="-1" role="dialog" isOpen={props.showModal}
toggle={props.toggle}>
            <div role="document">
                <ModalHeader toggle={props.toggle} className="bg-success text-white">
                    Buy Item
                </ModalHeader>
                <ModalBody>
                    {/* 신용카드 결제 폼*/}
                </ModalBody>
            </div>
        </Modal>
    );
}
```

이제 모달 윈도의 바디에 들어가는 신용카드 결제 폼을 작성한다.

다음 절에서는 애플리케이션에서 신용카드의 결제를 처리하는 방법을 살펴본다.

리액트와 스트라이프를 이용한 신용카드 결제 처리

신용카드 정보 입력 폼 구현은 간단해 보일 수 있다. 하지만 텍스트 입력창이 전부가 아니다. 실제 운영 중인 서비스라면 신용카드 유효성을 검사하고 입력받은 정보를 안전하게 처리해야 한다. 신용카드 정보는 매우 민감한 정보이기 때문에 일반 데이터처럼 취급할 수 없다.

프론트엔드에서 사용할 수 있는 다양한 신용카드 결제 서비스가 있다. 5장에서는 가장 많이 쓰이는 스트라이프^{Stripe}(https://stripe.com/)를 사용한다. 다른 유사한 서비스와 마찬가지로 웹 사이트에 접속해서 스트라이프 계정을 생성하고 API 키를 발급받아야 한다. 이 단계에서 결제액을 입금 받을 은행 계좌도 입력해야 한다.

우선 개발과 테스트 용도로 제공하는 테스트 API를 사용한다.

스트라이프는 애플리케이션 내의 신용카드 결제에 필요한 모든 단계를 지원한다. 신용카드 번호의 유효성을 검사하고 입력된 승인 금액으로 결제를 요청한 후 최종적으로 결제액을 계좌로 입금한다.

스트라이프와 같은 대부분의 결제 시스템 연동에는 프론트엔드와 백엔드 개발이 모두 필요하다. 5장에서는 프론트엔드를 구현하고 완전한 연동을 위한 백엔드는 6장에서 구현한다. 프론트엔드 개발부터 시작해보자.

리액트 프론트엔드 프레임워크가 큰 인기를 끌고 있는 덕분에 스트라이프는 신용카드 정보를 입력받는 비주얼 엘리먼트를 직접 디자인할 수 있는 리액트 라이브러리와 API를 제공한다. 이 엘리먼트를 리액트 스트라이프 엘리먼트^{React Stripe element}
(https://github.com/stripe/react-stripe-elements)라고 부른다.

리액트 스트라이프 엘리먼트의 기능은 다음과 같다.

- UI 엘리먼트는 신용카드 번호와 유효기간, CVC 번호, 우편번호 등의 신용카드 정보를 입력받는다.
- 입력된 카드번호가 Master 또는 Visa인지 확인하는 등의 추가 데이터를 검증한다.
- 입력된 데이터를 검증하고 신용카드 정보를 나타내는 토큰 ID 값을 발급한다. 해당 ID를 백엔드에 저장하고 사용한다.

스트라이프의 기능에 대한 사전 지식은 이것으로 충분하다. 이제 코드를 작성하자.

프론트엔드의 신용카드 결제 폼은 다음과 같은 순서로 구현한다.

1. 신용카드 결제 폼을 감싸는 컴포넌트를 만든다. 이 컴포넌트의 이름을 child다. 왜 이름이 child인지 곧 알게 될 것이다.
2. child 컴포넌트 안에 신용카드 정보를 입력하는 필드들을 포함하는 스트라이프 엘리먼트를 추가한다. 각 필드는 신용카드 번호와 유효기간 등을 입력받는 일반적인 텍스트 입력창이다.
3. child 컴포넌트에 신용카드 토큰 ID를 백엔드로 전송하는 코드를 추가한다.
4. 스트라이프 엘리먼트를 감싸는 컴포넌트의 부모 클래스를 정의한다. 이 컴포넌트의 역할은 다음과 같다.
   - 스트라이프 API 키를 처리하는 StripeProvider 컴포넌트를 호스트한다.
   - StripeProvider 컴포넌트 안에 child 컴포넌트를 추가한다.

- 스트라이프 props와 함수를 child 컴포넌트에 전달한다. injectStripe 메서드를 사용한다.

각 단계를 구현해보자.

스트라이프 엘리먼트를 감싸는 child 리액트 컴포넌트 생성

우선 스트라이프 리액트 패키지를 설치한다. 터미널을 열고 **gomusic** 프로젝트 폴더에서 다음 명령어를 실행한다.

```
npm install --save react-stripe-elements
```

frontend/public/index.html 파일의 </head> 태그 바로 전에 <script src= "https://js.stripe.com/v3/"></script> 코드를 삽입한다. 이 코드는 사용자가 GoMusic 애플리케이션을 브라우저에서 실행하면 자동으로 스트라이프 라이브러리를 불러온다.

src 폴더에 CreditCards.js 파일을 만들고 개발에 필요한 패키지를 임포트한다.

```
import React from 'react';
import { injectStripe, StripeProvider, Elements, CardElement } from
'reactstripe-elements';
```

신용카드 결제 폼을 출력하는 child 컴포넌트를 작성해보자.

```
class CreditCardForm extends React.Component{
    constructor(props){
        super(props);
    }
}
```

신용카드 결제 처리 과정에는 다음과 같은 세 가지 상태가 있다.

- **초기 상태:** 신용카드 정보를 입력받지 않은 상태
- **성공:** 신용카드 결제가 정상적으로 처리됨
- **실패:** 신용카드 결제 실패

다음과 같이 세 가지 상태를 정의한다.

```
const INITIALSTATE = "INITIAL", SUCCESSSTATE = "COMPLETE", FAILEDSTATE = "FAILED";
class CreditCardForm extends React.Component{
    constructor(props){
        super(props);
    }
}
```

각 상태를 나타내는 메서드를 선언한다.

```
const INITIALSTATE = "INITIAL", SUCCESSSTATE = "COMPLETE", FAILEDSTATE = "FAILED";
class CreditCardForm extends React.Component{
    constructor(props){
        super(props);
    }
    renderCreditCardInformation() {}
    renderSuccess() {}
    renderFailure(){}
}
```

CreditCardForm은 현재 처리 상태에 해당하는 메서드를 호출한다. 상태는 컴포넌트의 state 객체에 저장하고 필요할 때 참조한다.

```
const INITIALSTATE = "INITIAL", SUCCESSSTATE = "COMPLETE", FAILEDSTATE = "FAILED";
class CreditCardForm extends React.Component{
    constructor(props){
        super(props);
        this.state = {
            status: INITIALSTATE
        };
    }
    renderCreditCardInformation() {}
    renderSuccess() {}
    renderFailure(){}
}
```

신용카드 결제 성공 여부에 따라 상태를 변경한다. 다음은 컴포넌트의 render()
메서드를 정의한다. render() 메서드는 this.state.status 값에 따라 다른 뷰를
렌더링한다.

```
const INITIALSTATE = "INITIAL", SUCCESSSTATE = "COMPLETE", FAILEDSTATE = "FAILED";
class CreditCardForm extends React.Component{
    constructor(props){
        super(props);
        this.state = {
            status: INITIALSTATE
        };
    }
    renderCreditCardInformation() {}
    renderSuccess() {}
    renderFailure(){}
    render() {
        let body = null;
        switch (this.state.status) {
            case SUCCESSSTATE:
                body = this.renderSuccess();
```

```
            break;
        case FAILEDSTATE:
            body = this.renderFailure();
            break;
        default:
            body = this.renderCreditCardInformation();
    }
    return (
        <div>
            {body}
        </div>
    );
    }
}
```

render() 메서드에 각 상태에 해당하는 메서드를 구현해보자. 가장 복잡한 render
CreditCardInformation() 메서드부터 시작한다. 스트라이프 엘리먼트 컴포넌트를
사용할 것이다. 메서드가 반환하는 뷰는 다음과 같다.

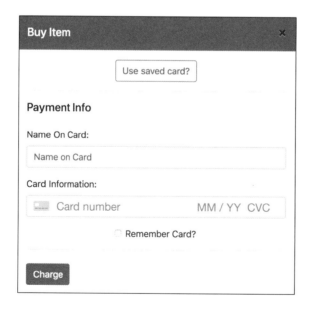

Use Saved Card?(저장된 카드 사용) 버튼과 하단의 Remember Card?(카드 정보 저장) 체크박스를 나타내는 JSX 엘리먼트는 다음과 같이 구현한다. 로그인하지 않은 사용자에게는 보이지 않기 때문에 개별 엘리먼트로 구현한다.

```
renderCreditCardInformation() {
    const usersavedcard = <div>
        <div className="form-row text-center">
            <button type="button" className="btn btn-outline-success text-center
mx-auto">Use saved card?</button>
        </div>
        <hr />
    </div>

    const remembercardcheck = <div className="form-row form-check textcenter">
        <input className="form-check-input" type="checkbox" value=""
id="remembercardcheck" />
        <label className="form-check-label" htmlFor="remembercardcheck">
            Remember Card?
        </label>
    </div>;
    // 뷰 반환
}
```

부트스트랩 프레임워크를 사용해 버튼과 체크박스를 스타일링한다.

스트라이프 엘리먼트와 신용카드 정보 처리

이제 신용카드 정보를 입력받는 유저 인터페이스를 만들어보자. 화면 구성은 다음과 같다.

Payment Info

Name On Card:

Name on Card

Card Information:

Card number   MM / YY CVC

가장 흥미로운 부분은 Card Information(카드 정보) 필드다.

스트라이프 UI와 검증 로직을 유저 인터페이스에서 사용하려면 스트라이프 엘리먼트
가 필요하다. 앞서 CreditCards.js 파일 상단에 스트라이프가 제공하는 `CardElement`
패키지를 임포트했다. 이 패키지를 사용해 리액트 애플리케이션에 신용카드 입
력 UI를 추가한다. 다음과 같이 JSX 문법을 사용해 스트라이프 엘리먼트를 추가
한다.

```
<CardElement\>
```

스트라이프 엘리먼트에는 스타일을 설정할 수 있는 **style** 속성이 있으며 자바스크
립트 객체다. 다음은 부트스트랩 프레임워크 기본 테마와 잘 어울리는 스타일 설정
예다.

```
const style = {
    base: {
        'fontSize': '20px',
        'color': '#495057',
        'fontFamily': 'apple-system,BlinkMacSystemFont,"Segoe UI",Roboto,"Helvetica
```

```
Neue",Arial,sans-serif'
    }
};
```

스트라이프 엘리먼트의 **style** 속성에 이 객체를 설정한다.

```
<CardElement style={style}/>
```

renderCreditCardInformation() 메서드의 남은 부분을 구현하자. 신용카드 결제 모달 윈도에 Name On Card(카드 소유자 이름) 필드와 스트라이프 카드 컴포넌트를 포함하는 HTML 폼을 추가해야 한다.

다음과 같이 JSX로 UI를 작성한다.

```
<div>
    <h5 className="mb-4">Payment Info</h5>
    <form>
        <div className="form-row">
            <div className="col-lg-12 form-group">
                <label htmlFor="cc-name">Name On Card:</label>
                <input id="cc-name" name='cc-name'
className="form-control" placeholder='Name on Card'
onChange={this.handleInputChange} type='text' />
            </div>
        </div>
        <div className="form-row">
            <div className="col-lg-12 form-group">
                <label htmlFor="card">Card Information:</label>
                <CardElement id="card" className="form-control" style={style} />
            </div>
        </div>
    </form>
```

```
    </div>
```

이 HTML 폼에는 Name On Card 필드와 스트라이프 카드 엘리먼트가 있다. Name On Card 필드에 값을 입력하면 handleInputChange() 메서드가 트리거된다. 이 메서드는 Name On Card 필드에 입력된 값을 컴포넌트의 **state** 객체에 저장한다. 폼의 값을 **state** 객체에 저장하는 방식이 리액트에서 권장하는 폼 제어 방식이다.

```
handleInputChange(event) {
    this.setState({
        value: event.target.value
    });
}
```

신용카드 결제 모달 윈도의 Remember Card?와 Use Saved Card? 옵션을 포함한 renderCreditCardInformation() 메서드의 전체 구현은 다음과 같다.

```
renderCreditCardInformation(){
    const style = {
        base: {
            'fontSize': '20px',
            'color': '#495057',
            'fontFamily': 'apple-system,BlinkMacSystemFont,"Segoe
UI",Roboto,"Helvetica Neue",Arial,sans-serif'
        }
    };

const usersavedcard = <div>
        <div className="form-row text-center">
            <button type="button" className="btn btn-outline-success text-center
mx-auto">Use saved card?</button>
        </div>
```

```jsx
      <hr />
    </div>;
  const remembercardcheck = <div className="form-row form-check textcenter">
      <input className="form-check-input" type="checkbox" value=""
id="remembercardcheck" />
      <label className="form-check-label" htmlFor="remembercardcheck">
        Remember Card?
      </label>
    </div>;

  return (
    <div>
      {usersavedcard}
      <h5 className="mb-4">Payment Info</h5>
      <form onSubmit={this.handleSubmit}>
        <div className="form-row">
          <div className="col-lg-12 form-group">
            <label htmlFor="cc-name">Name On Card:</label>
            <input id="cc-name" name='cc-name' className="form-control"
placeholder='Name on Card' onChange={this.handleInputChange} type='text' />
          </div>
        </div>
        <div className="form-row">
          <div className="col-lg-12 form-group">
            <label htmlFor="card">Card Information:</label>
            <CardElement id="card" className="form-control" style={style} />
          </div>
        </div>
        {remembercardcheck}
        <hr className="mb-4" />
        <button type="submit" className="btn btn-success
btnlarge">{this.props.operation}</button>
      </form>
    </div>
  );
}
```

이 코드에는 remembercardcheck와 usersavedcard 엘리먼트가 사용됐다. HTML 폼을 제출^{submit}하면 트리거되는 handleSubmit 메서드도 이미 정의했다고 가정한다. 이 메서드는 '신용카드 토큰을 백엔드로 전달' 절에서 설명한다.

CreditCardForm 컴포넌트의 나머지 메서드 renderSuccess()와 renderFailure() 중에 renderSuccess() 메서드부터 구현한다.

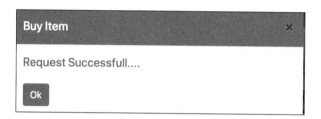

코드는 간단하다.

```
renderSuccess(){
    return (
        <div>
            <h5 className="mb-4 text-success">Request Successfull....</h5>
            <button type="submit" className="btn btn-success btn-large" onClick={() =>
{ this.props.toggle() }}>Ok</button>
        </div>
    );
}
```

위 메서드는 props를 통해 전달된 toggle 메서드를 호출해 Buy 모달 윈도를 출력한다. 앞서 설명했듯이 toggle 메서드는 모달 윈도를 닫거나 출력한다. 위 메서드는 모달 윈도를 출력하고 Ok 버튼을 클릭하면 모달 윈도를 닫는다. toggle 메서드는 App.js 파일에 정의한다.

renderFailure() 메서드가 출력하는 모달 윈도는 다음과 같다.

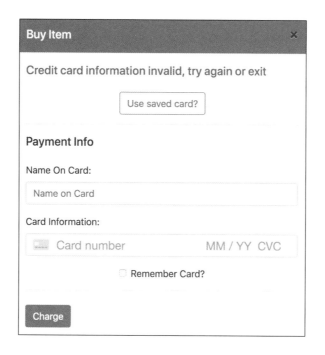

JSX로 다음과 같이 구현한다.

```
renderFailure(){
    return (
        <div>
            <h5 className="mb-4 text-danger"> Credit card information invalid, try
again or exit</h5>
            {this.renderCreditCardInformation()}
        </div>
    );
}
```

신용카드 토큰을 백엔드로 전달

HTML 폼을 제출하면 트리거되는 handleSubmit() 메서드를 구현해보자. 스트라이
프 엘리먼트 컴포넌트는 신용카드 유효성 검증 외에도 카드 정보를 나타내는 토큰

객체를 반환한다. 이 객체를 사용해 백엔드에서 실제 결제를 요청한다.

handleSubmit() 메서드의 역할은 다음과 같다.

1. 입력된 신용카드를 나타내는 토큰을 발급한다.
2. 백엔드 서버로 토큰을 전달한다.
3. 결제 성공이나 실패 여부에 맞는 화면을 렌더링한다.

코드는 다음과 같다.

```
async handleSubmit(event){
    event.preventDefault();
    console.log("Handle submit called, with name: " + this.state.value);
    // Stripe API를 통해 토큰 발급
    let { token } = await this.props.stripe.createToken({ name: this.state.value });
    if (token == null) {
        console.log("invalid token");
        this.setState({ status: FAILEDSTATE });
        return;
    }
    let response = await fetch("/charge", {
        method: "POST",
        headers: { "Content-Type": "text/plain" },
        body: JSON.stringify({
            token: token.id,
            operation: this.props.operation,
        })
    });
    console.log(response.ok);
    if (response.ok) {
        console.log("Purchase Complete!");
        this.setState({ status: SUCCESSSTATE });
    }
}
```

props 객체의 stripe.createToken() 메서드를 호출해 토큰을 생성한다.

```
let { token } = await this.props.stripe.createToken({ name: this.state.value });
```

createToken 메서드의 매개변수는 (state 객체에 저장된) Name On Card 값이다. 이 메서드는 스트라이프 리액트 컴포넌트에서만 사용할 수 있다. 다음 절에서 자세히 설명한다.

fetch() 자바스크립트 메서드를 사용해 해당 URL로 HTTP POST 요청을 보낸다. 이 요청에는 스트라이프 토큰 ID와 요청 타입 정보가 있다. 요청 타입은 신용카드 결제 요청과 신용카드 정보 저장 요청을 구분한다. POST 요청을 처리하는 부분은 뒤에서 백엔드 코드를 작성할 때 자세히 설명한다.

부모 StripeProvider 컴포넌트 생성

CreditCardForm 컴포넌트의 부모 컴포넌트를 구현하자. 구현 순서는 다음과 같다.

1. 스트라이프 API 코드를 사용해 CreditCardForm 컴포넌트를 추가한다. 이런 경우에 injectStripe() 메서드를 사용한다.
2. 스트라이프가 제공하는 StripeProvider 리액트 컴포넌트에 스트라이프 API 키를 설정한다.
3. Elements 컴포넌트를 사용해 부모 컴포넌트 안에 CreditCardForm 컴포넌트를 추가한다.

아래 코드를 참고하면 쉽게 이해할 수 있다.

```
export default function CreditCardInformation(props){
    if (!props.show) {
        return <div/>;
```

```
    }
    // 스트라이프 API를 사용해 CreditCardForm를 추가하면 createToken() 메서드를 호출할 수 있다.
    const CCFormWithStripe = injectStripe(CreditCardForm);
    return (
        <div>
            {/*stripe provider*/}
            <StripeProvider apiKey="pk_test_LwL4RUtinpP3PXzYirX2jNfR">
                <Elements>
                    {/* 신용카드 결제 폼 */}
                    <CCFormWithStripe operation={props.operation} />
                </Elements>
            </StripeProvider>
        </div>
    );
}
```

위 코드를 CreditCardForm 컴포넌트를 정의한 CreditCards.js 파일에 복사한다.
props에 저장된 요청 타입은 추후에 백엔드로 신용카드 정보를 보낼 때 사용한다.
CreditCardInformation 컴포넌트 정의 구문 앞에 export default문을 추가하면 다
른 파일에서 해당 컴포넌트를 임포트할 수 있다.

이로써 신용카드 결제 폼과 스트라이프와의 연동 작업을 완료했다. 이 폼을 Buy
모달 윈도에 적용해보자. Buy 모달 윈도는 modalwindows.js 파일에 다음과 같이
정의돼 있다.

```
export function BuyModalWindow(props) {
    return (
        <Modal id="buy" tabIndex="-1" role="dialog" isOpen={props.showModal}
toggle={props.toggle}>
            <div role="document">
                <ModalHeader toggle={props.toggle} className="bgsuccess text-white">
                    Buy Item
```

```
                </ModalHeader>
                <ModalBody>
                    {/* 신용카드 결제 폼 */}
                </ModalBody>
            </div>
        </Modal>
    );
}
```

다음과 같은 줄을 상단에 추가해 CreditCardInformation 컴포넌트를 임포트한다.

```
import CreditCardInformation from './CreditCards';
```

CreditCardInformation 컴포넌트를 다음과 같이 모달 윈도에 추가한다.

```
export function BuyModalWindow(props) {
    return (
        <Modal id="buy" tabIndex="-1" role="dialog" isOpen={props.showModal}
toggle={props.toggle}>
            <div role="document">
                <ModalHeader toggle={props.toggle} className="bgsuccess text-white">
                    Buy Item
                </ModalHeader>
                <ModalBody>
                    <CreditCardInformation show={true} operation="Charge"
toggle={props.toggle} />
                </ModalBody>
            </div>
        </Modal>
    );
}
```

Buy 모달 윈도가 완성됐다. 이제 로그인 모달 윈도를 구현해보자.

로그인과 가입 모달 윈도

코드를 작성하기 전에 Sign in과 Register 모달 윈도의 화면 구성을 확인하자. 아래 화면에서 탐색 메뉴의 Sign in 버튼을 클릭한다.

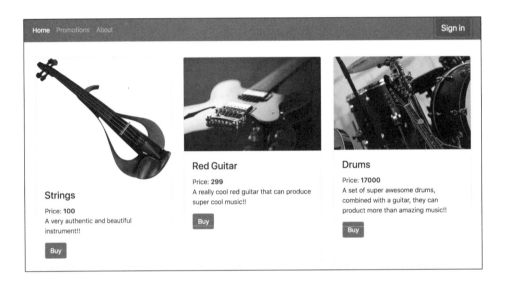

다음과 같이 모달 윈도가 나타난다.

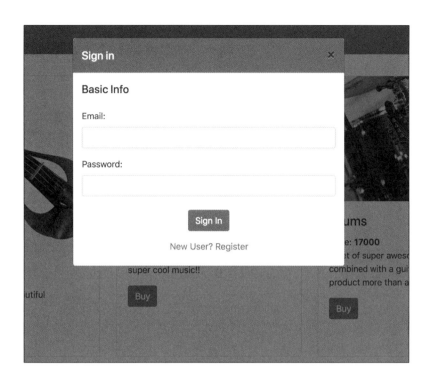

New User? Register(신규 사용자 가입) 링크를 클릭하면 신규 계정 생성 폼이 모달 윈도에 출력된다.

모달 윈도를 제대로 구현하려면 먼저 리액트 프레임워크에서 폼을 제어하는 방법을 숙지해야 한다.

리액트 프레임워크에서 폼 제어

프론트엔드의 상태state 제어가 핵심인 리액트 프레임워크에서 HTML 폼 제어는 어려워 보일 수 있다. 폼의 입력 필드는 사용자의 입력 값에 따라 각자 다른 상태를 갖기 때문이다. 예를 들어 사용자가 텍스트 박스 필드에 글자를 입력하면 입력 값에 따라 해당 필드의 상태가 변경된다. 리액트에서 모든 상태는 setState() 메서드를 통해 state 객체에 저장한다. 리액트에서 폼을 제어하는 몇 가지 방식을 살펴보자.

HTML 폼을 제어하는 여러 방법을 알아보자. 리액트는 state 객체가 컴포넌트의 유일한 제어자가 되는 제어된controlled 컴포넌트 사용을 권장한다.

184

구조는 매우 간단하다.

1. 컴포넌트에서 HTML 폼의 입력 필드를 모니터링한다.
2. 폼에서 입력 필드의 값이 변경되면 새로운 값을 **state** 객체에 저장한다.
3. **state** 객체는 항상 폼의 최신 값을 저장한다.

로그인 페이지

로그인^{Sign in} 페이지를 구현하자. 화면 구성은 다음과 같다.

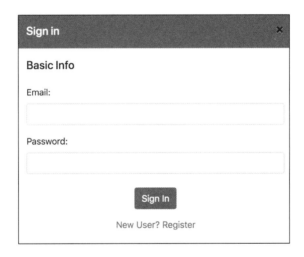

2개의 텍스트 입력 필드와 버튼, 링크, 레이블이 있는 일반적인 폼이다. 로그인 폼을
출력하는 리액트 컴포넌트부터 작성한다. modalwindows.js 파일에 다음과 같이
SignInForm 컴포넌트를 정의한다.

```
class SignInForm extends React.Component{
    constructor(){
        super(props);
    }
}
```

컴포넌트에 state 객체를 추가한다.

```
class SignInForm extends React.Component{
    constructor(){
        super(props);
        this.state = {
            errormessage = ''
        };
    }
}
```

state 객체에는 errormessage 필드만 있다. 로그인 실패 시 errormessage 필드에 에러 메시지를 저장한다.

폼 제출과 입력을 제어하는 두 메서드를 바인드한다.

```
class SignInForm extends React.Component{
    constructor(){
        super(props);
        // 사용자가 데이터 입력하면 호출되는 함수
        this.handleChange = this.handleChange.bind(this);
        // 폼을 제출하면 호출되는 함수
        this.handleSubmit = this.handleSubmit.bind(this);
        this.state = {
            errormessage = ''
        };
    }
}
```

render() 메서드를 작성하자. 이 메서드의 역할은 다음과 같다.

- 로그인 폼을 출력하고 사용자의 입력을 받아 폼을 제출한다.
- 로그인 실패 시 에러 메시지를 출력하고 다시 로그인할 수 있게 한다.

아래와 같이 코드를 작성한다.

```
render(){
    // 에러 메시지
    let message = null;
    // state에 에러 메시지가 있다면 출력
    if (this.state.errormessage.length !== 0) {
        message = <h5 className="mb-4 textdanger">{this.state.errormessage}</h5>;
    }
    return (
        <div>
            {message}
            <form onSubmit={this.handleSubmit}>
                <h5 className="mb-4">Basic Info</h5>
                <div className="form-group">
                    <label htmlFor="email">Email:</label>
                    <input name="email" type="email" className="formcontrol" id="email"
onChange={this.handleChange}/>
                </div>
                <div className="form-group">
                    <label htmlFor="pass">Password:</label>
                    <input name="password" type="password" className="form-control"
id="pass" onChange={this.handleChange} />
                </div>
                <div className="form-row text-center">
                    <div className="col-12 mt-2">
                        <button type="submit" className="btn btnsuccess btn-large">Sign
In</button>
                    </div>
                    <div className="col-12 mt-2">
                        <button type="submit" className="btn btn-link text-info"
onClick={() => this.props.handleNewUser()}> New User? Register</button>
                    </div>
                </div>
            </form>
```

```
        </div>
    );
}
```

위 코드에는 몇 가지 중요한 부분이 있다.

- input 엘리먼트에는 name 속성이 있다. 엘리먼트를 식별할 수 있는 속성이
  다. state 객체에 저장된 값은 엘리먼트의 이름으로 식별하기 때문에 매우
  중요한 속성이다.
- 사용자가 필드에 값을 입력하면 input 엘리먼트의 onChange 속성을 가진
  handleChange() 메서드를 호출한다.
- 폼 하단에 있는 New user? Register 링크를 클릭하면 props의 handleNewUser()
  메서드를 호출한다. 이 메서드를 살펴보자.

handleChange() 메서드는 로그인 폼에 입력된 값을 state 객체에 저장한다. 자바스
크립트의 최신 기능인 계산된computed 속성 이름을 사용한다. 다음과 같이 메서드를
정의한다.

```
handleChange(event){
    const name = event.target.name;
    const value = event.target.value;
    this.setState({
        [name]: value
    });
}
```

event.target의 name 속성은 HTML 폼에서 입력 필드의 name 속성에 해당한다.
사용자가 아이디와 패스워드를 입력했을 때 state 객체의 값은 다음과 같다.

```
state = {
    'email': 'joe@email.com',
    'password': 'pass'
}
```

SignInForm 컴포넌트 구현의 마지막 단계는 handleSubmit() 메서드의 구현이다. 이 메서드는 6장에서 자세히 설명한다. 우선은 아래와 같이 정의하자.

```
handleSubmit(event){
    event.preventDefault();
    console.log(JSON.stringify(this.state));
}
```

가입 폼

가입^{Registration} 폼을 구현하자. 화면 구성은 다음과 같다.

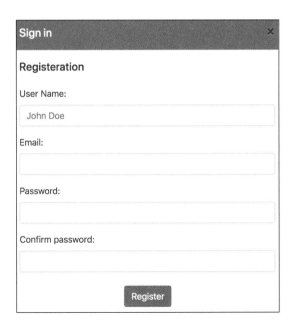

가입 폼은 로그인 폼과 같은 modalwindows.js 파일에 구현한다. 구현은 로그인 폼과 비슷하다. 유일하게 다른 점은 로그인 폼보다 입력 필드가 많다는 점이다. 구현은 다음과 같다.

```
class Registeration extends React.Component{
    constructor(props) {
        super(props);
        this.handleSubmit = this.handleSubmit.bind(this);
        this.state = {
            errormessage: ''
        };
        this.handleChange = this.handleChange.bind(this);
        this.handleSubmit = this.handleSubmit.bind(this);
    }

    handleChange(event) {
        event.preventDefault();
        const name = event.target.name;
        const value = event.target.value;
        this.setState({
            [name]: value
        });
    }

    handleSubmit(event) {
        event.preventDefault();
        console.log(this.state);
    }

    render() {
        let message = null;
        if (this.state.errormessage.length !== 0) {
            message = <h5 className="mb-4 textdanger">{this.state.errormessage}</h5>;
        }
        return (
```

```
        <div>
            {message}
            <form onSubmit={this.handleSubmit}>
                <h5 className="mb-4">Registeration</h5>
                <div className="form-group">
                    <label htmlFor="username">User Name:</label>
                    <input id="username" name='username' className="form-control"
placeholder='John Doe' type='text' onChange={this.handleChange} />
                </div>
                <div className="form-group">
                    <label htmlFor="email">Email:</label>
                    <input type="email" name='email' className="formcontrol"
id="email" onChange={this.handleChange} />
                </div>
                <div className="form-group">
                    <label htmlFor="pass">Password:</label>
                    <input type="password" name='pass1' className="form-control"
id="pass1" onChange={this.handleChange} />
                </div>
                <div className="form-group">
                    <label htmlFor="pass">Confirm password:</label>
                    <input type="password" name='pass2' className="form-control"
id="pass2" onChange={this.handleChange} />
                </div>
                <div className="form-row text-center">
                    <div className="col-12 mt-2">
                        <button type="submit" className="btn btnsuccess
btn-large">Register</button>
                    </div>
                </div>
            </form>
        </div>
    );
  }
}
```

이것으로 가입 폼과 **로그인** 폼을 모두 구현했다. 마지막으로 폼을 포함하는 부모 모달 윈도가 필요하다. 이 모달 윈도의 역할은 다음과 같다.

- **로그인** 폼 표시
- New User? Register 링크 클릭 시 가입 폼 표시

`SignInModalWindow` 컴포넌트를 modalwindows.js 파일에 다음과 같이 정의한다.

```
export class SignInModalWindow extends React.Component{
}
```

이 컴포넌트는 2개의 페이지를 포함한다. 기존 가입자의 로그인 페이지와 신규 사용자의 가입 페이지다. state 객체의 필드를 참조해 어떤 페이지를 표시할지 결정한다. 초깃값은 **로그인** 페이지이고 사용자가 New User? Register 링크를 클릭하면 가입 페이지로 변경된다.

```
export class SignInModalWindow extends React.Component{
    constructor(props) {
        super(props);
        this.state = {
            showRegistrationForm: false
        };
        this.handleNewUser = this.handleNewUser.bind(this);
    }
}
```

위 코드는 state 객체를 초기화하고 handleNewUser() 메서드를 바인드한다. 사용자가 New User? Register 링크를 클릭하면 이 메서드를 호출해 **로그인** 페이지 대신 가입 페이지를 출력한다. 이 메서드는 state 객체 필드의 값을 변경해 현재 페이지를 가입 페이지로 설정한다.

192

```
handleNewUser() {
    this.setState({
        showRegistrationForm: true
    });
}
```

SignInForm 컴포넌트의 New User? Register 링크에서 어떻게 handleNewUser() 메서드를 호출할지 생각해보자.

방법은 간단하다. SignInForm의 props를 통해 메서드를 전달하면 된다. 위에서 작성한 코드를 다시 살펴보면 이미 SignInForm 컴포넌트의 New User? Register 링크에서 onClick 속성을 handleNewUser()로 설정했다. 링크 클릭 시 이 메서드를 호출한다.

SignInModalWindow 컴포넌트에서 가장 중요한 render() 메서드를 구현하자. 이 메서드의 역할은 다음과 같다.

- state 객체를 확인하고 현재 상태가 로그인 폼이라면 SignInForm 컴포넌트를 생성하고 가입 폼이라면 SignInForm 컴포넌트를 생성한다.
- SignInForm의 props를 통해 handleNewUser() 메서드를 전달한다. 일반적인 리액트 디자인 패턴이다.
- 모달 윈도를 생성하고 부트스트랩 프레임워크를 사용해 폼을 스타일링한다.
- state 객체의 값에 따라 SignInForm이나 RegistrationForm 컴포넌트를 모달 윈도에 추가한다.

```
render(){
    let modalBody = <SignInForm handleNewUser={this.handleNewUser} />
    if (this.state.showRegistrationForm === true) {
```

```
            modalBody = <RegisterationForm />
    }
    return (
        <Modal id="register" tabIndex="-1" role="dialog"
isOpen={this.props.showModal} toggle={this.props.toggle}>
            <div role="document">
                <ModalHeader toggle={this.props.toggle} className="bgsuccess
text-white">
                    Sign in
                    {/*<button className="close">
                    <span aria-hidden="true">&times;</span>
                    </button>*/}
                </ModalHeader>
                <ModalBody>
                    {modalBody}
                </ModalBody>
            </div>
        </Modal>
    );
}
```

다음 절에서는 사용자 페이지를 구현한다.

사용자 페이지

사용자[User] 페이지를 구현할 차례다. 애플리케이션에 로그인한 사용자에게 어떤 화면을 표시해야 할지 생각해보자. 표시할 내용은 다음과 같다.

- 탐색 메뉴에 사용자 이름과 로그아웃 옵션 추가
- 주문 내역

화면 구성을 살펴보자.

사용자가 로그인했을 경우 탐색 메뉴는 아래와 같이 변경된다.

사용자의 주문 내역을 볼 수 있는 **주문 내역**^My Orders^ 페이지 링크와 Sign In 버튼 대신 Welcome 〈사용자 이름〉 드롭다운 버튼이 추가됐다. 버튼을 클릭하면 아래와 같이 옵션을 표시한다.

Sign Out 버튼을 클릭하면 사용자는 세션에서 로그아웃한다.

주문 내역 페이지의 화면 구성은 다음과 같다.

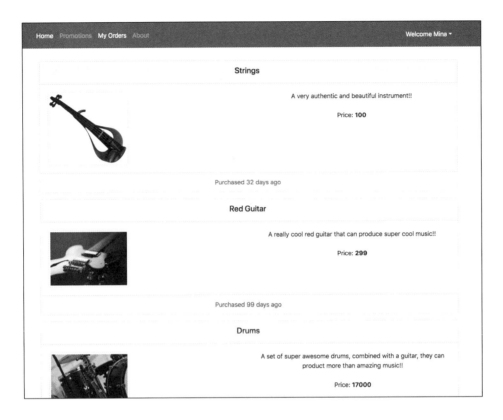

사용자의 주문 내역을 보여주는 간단한 페이지다.

다음 절에서 주문 내역 페이지를 구현한다.

주문 내역 페이지

주문 내역My Orders 페이지를 나타내는 리액트 컴포넌트를 작성하자. 이 페이지에는 2개의 컴포넌트가 있다.

- 개별 주문 카드 컴포넌트
- 주문 카드 컴포넌트의 부모 컴포넌트

개별 주문 카드 컴포넌트부터 작성한다. 페이지 화면 구성은 다음과 같다.

src 폴더에 orders.js 파일을 만들고 컴포넌트를 정의한다. 우선 파일 최상단에 리액트를 임포트한다.

```
import React from 'react';
```

개별 주문 카드 컴포넌트는 Order라는 단순한 컴포넌트다. 부모 컴포넌트에서 모든 주문 정보는 props를 통해 전달한다고 가정한다. 특별한 메서드가 없기 때문에 함수형 컴포넌트로 적합하다.

```
function Order(props){
    return (
        <div className="col-12">
            <div className="card text-center">
                <div className="cardheader"><h5>{props.productname}</h5></div>
                <div className="card-body">
                    <div className="row">
                        <div className="mx-auto col-6">
                            <img src={props.img} alt={props.imgalt}
className="img-thumbnail float-left" />
                        </div>
                        <div className="col-6">
                            <p className="card-text">{props.desc}</p>
```

```
                    <div className="mt-4">
                        Price: <strong>{props.price}</strong>
                    </div>
                </div>
            </div>
        </div>
        <div className="card-footer text-muted">
            Purchased {props.days} days ago
        </div>
    </div>
    <div className="mt-3" />
  </div>
  );
}
```

마찬가지로 부트스트랩을 사용해 컴포넌트를 스타일링한다.

다음은 부모 컴포넌트를 작성한다. 모든 주문 정보는 **state** 객체에 저장한다.

```
export default class OrderContainer extends React.Component{
    constructor(props) {
        super(props);
        this.state = {
            orders: []
        };
    }
}
```

주문 정보를 애플리케이션의 백엔드에서 전달받는다. 따라서 **state** 객체에 저장된 값은 백엔드가 전달하는 값에 따라 변경된다. 이 부분은 6장에서 백엔드를 구현할 때 자세히 설명한다. 우선 **render()** 메서드를 다음과 같이 정의한다,

```
render(){
    return (
        <div className="row mt-5">
            {this.state.orders.map(order => <Order key={order.id} {...order} />)}
        </div>
    );
}
```

이 메서드는 매우 단순하다. state 객체에서 orders 리스트 필드의 각 주문마다
Order 컴포넌트를 생성한다. 4장에서 설명했듯이 리액트 프레임워크에서 모든 리스
트의 요소에는 key 속성이 필요하다. 이 속성의 값으로 리스트의 변동 여부를 알
수 있다.

깃허브 저장소에서 5장의 소스 파일을 살펴보면 state 객체의 orders 리스트에
저장된 값은 일반 파일에서 읽은 값이다. 이는 데이터를 표현하기 위한 임시방
편이다.

사용자 페이지 탐색 메뉴

src 폴더의 navigation.js 파일을 다시 살펴보자. '탐색 메뉴' 절에서 로그인하지 않
은 사용자에게 표시하는 Navigation 컴포넌트를 작성했다. 이제 로그인한 사용자에
게 표시할 컴포넌트를 작성해보자. 첫 단계로 Welcome 〈사용자 이름〉 드롭다운 버튼
과 로그아웃 버튼을 출력하는 buildLoggedInMenu() 메서드를 정의한다.

Navigation 컴포넌트 안에 다음 메서드를 추가한다.

```
buildLoggedInMenu(){
    return (
        <div className="navbar-brand order-1 text-white my-auto">
            <div className="btn-group">
```

```
                    <button type="button" className="btn btn-success dropdown-toggle"
data-toggle="dropdown" aria-haspopup="true" ariaexpanded="false">
                Welcome {this.props.user.name}
            </button>
            <div className="dropdown-menu">
                <a className="btn dropdown-item" role="button">Sign Out</a>
            </div>
        </div>
    </div>
    );
}
```

이 메서드는 부트스트랩과 JSX를 사용해 드롭다운 버튼과 로그아웃 링크를 반환한다. 사용자 이름은 props를 통해 전달된다고 가정한다.

다음 단계로 로그인한 사용자에게 표시할 탐색 메뉴를 render() 메서드에 추가한다. 사용자의 로그인 여부는 props를 참조한다. 주문 내역 페이지로 이동하는 링크도 추가한다.

```
render(){
    return (
        <div>
            <nav className="navbar navbar-expand-lg navbar-dark bg success fixed-top">
                <div className="container">
                {
                    this.props.user.loggedin ?
                        this.buildLoggedInMenu()
                        : <button type="button" className="navbarbrand order-1 btn
btn-success" onClick={() => {
                        this.props.showModalWindow();}}>Sign in</button>
                }
                <div className="navbar-collapse" id="navbarNavAltMarkup">
                    <div className="navbar-nav">
```

```
                    <NavLink className="nav-item nav-link" to="/">Home</NavLink>
                    <NavLink className="nav-item nav-link"
  to="/promos">Promotions</NavLink>
                         {this.props.user.loggedin ? <NavLink className="nav-item
  nav-link" to="/myorders">My Orders</NavLink> : null}
                    <NavLink className="nav-item nav-link" to="/about">About
                    </NavLink>
                </div>
            </div>
          </div>
        </nav>
      </div>
    );
  }
```

사용자의 로그인 여부는 props(this.props.user.loggedin)을 통해 전달된다고 가정한다. 사용자가 로그인 상태라면 다음 작업을 수행한다.

1. 탐색 메뉴 우측에 드롭다운 버튼을 출력하는 buildLoggedInMenu() 메서드를 호출한다.
2. /myorders로 이동하는 링크를 추가한다. OrderContainer 컴포넌트로 연결되는 이 링크는 다음 절에서 자세히 설명한다.

컴포넌트 연결: 라우팅

작성한 모든 컴포넌트를 연결해보자. 탐색 메뉴가 모든 링크를 알아서 연결해준다고 생각할 수 있지만 그렇지 않다. 다른 페이지로 이동하는 링크 외에 링크와 컴포넌트를 연결해주는 코드가 필요하다. 예를 들어 /about 링크는 About 컴포넌트와 연결하고 /myorders 링크는 OrderContainer 컴포넌트와 연결한다.

앞서 NavLink 리액트 컴포넌트를 사용해 링크를 생성했다. NavLink는 '탐색 메뉴' 절에서 설치한 react-router-dom 패키지에 포함돼 있다.

src 폴더 안에 App.js 파일을 생성하고 모든 컴포넌트의 진입점이 되는 컴포넌트를 작성하자. 먼저 지금까지 정의한 모든 컴포넌트를 임포트한다.

```
import React from 'react';
import CardContainer from './ProductCards';
import Nav from './Navigation';
import { SignInModalWindow, BuyModalWindow } from './modalwindows';
import About from './About';
import Orders from './orders';
```

다음은 react-router-dom 패키지에서 필요한 컴포넌트를 임포트한다.

```
import { BrowserRouter as Router, Route } from "react-router-dom";
```

새로운 컴포넌트를 정의한다.

```
class App extends React.Component{
}
```

App 컴포넌트는 다른 모든 컴포넌트에서 접근할 수 있기 때문에 공통적으로 필요한 정보를 갖고 있어야 한다. GoMusic 애플리케이션에서 가장 중요한 정보는 페이지의 레이아웃을 결정하는 사용자의 로그인 상태다. 따라서 App 컴포넌트의 state 객체에 로그인 상태를 나타내는 값을 저장한다.

```
class App extends React.Component{
    constructor(props) {
        super(props);
```

```
        this.state = {
            user: {
                loggedin: false,
                name: ""
            }
        };
    }
}
```

이 값이 어떻게 바뀌는지 지금은 신경 쓰지 말자. 6장에서 애플리케이션의 백엔드를 구현할 때 설명한다. 지금은 NavLink와 리액트 컴포넌트를 연결하는 방법을 생각해보자.

연결 단계는 다음과 같다.

1. Router라는 이름으로 임포트한 BrowserRouter 컴포넌트를 추가한다.
2. BrowserRouter에 NavLink를 추가한다. 앞서 모든 NavLink를 포함하는 Navigation 컴포넌트를 Nav라는 이름으로 임포트했다.
3. BrowserRouter 안에 react-router-dom 패키지의 Route 컴포넌트를 사용해 링크와 리액트 컴포넌트를 연결한다. 각 URL 경로는 하나의 Route에 해당한다.

위 세 단계를 다음과 같이 render() 메서드에 구현한다.

```
render(){
    return (
        <div>
            <Router>
                <div>
                    <Nav user={this.state.user} />
                    <div className='container pt-4 mt-4'>
```

```
                    <Route exact path="/" render={() => <CardContainer
location='cards.json' />} />
                    <Route path="/promos" render={() => <CardContainer
location='promos.json' promo={true}/>} />
                    {this.state.user.loggedin ? <Route path="/myorders"
render={()=><Orders location='user.json'/>}/> : null}
                    <Route path="/about" component={About} />
                </div>
                <SignInModalWindow />
                <BuyModalWindow />
            </div>
        </Router>
    </div>
  );
}
```

위 코드는 앞서 설명한 세 단계를 모두 구현됐다. 사용자의 요청에 따라 BuyModal Window 또는 SignInModalWindow 컴포넌트를 반환한다.

위 코드는 두 가지 방법으로 NavLink를 컴포넌트와 연결한다.

- 컴포넌트에 전달할 속성이 있을 경우 render를 사용한다.

```
<Route path="/promos" render={() => <CardContainer location='promos.json'
promo={true}/>} />
```

- 속성이 없다면 component를 사용한다.

```
<Route path="/about" component={About} />
```

About 컴포넌트를 살펴보고 라우팅의 개념을 알아보자.

- 탐색 메뉴 컴포넌트(Navigation.js 파일의 Navigation 컴포넌트)에서 react-router-dom의 NavLink를 사용해 /about 경로를 정의한다.

```
<NavLink className="nav-item nav-link" to="/about">About</NavLink>.
```

- App 컴포넌트에서 /about 경로를 About 컴포넌트로 연결한다.

```
<Router>
    <div>
        <Nav user={this.state.user} />
        <div className='container pt-4 mt-4'>
            {/* 다른 라우팅 */}
            <Route path="/about" component={About} />
        </div>
        {/* App 컴포넌트 나머지 코드 */}
    </div>
</Router>
```

이제 상품 구매 또는 로그인 모달 윈도를 출력하는 **toggle**과 **show** 메서드를 작성해보자. show 메서드는 구매나 로그인 모달 윈도를 출력할 때 호출하는 메서드다. 가장 쉬운 구현 방법은 컴포넌트의 **state** 객체에 모달 윈도 출력 여부를 저장하는 방법이다. 한 번에 한 개의 모달 윈도만 출력할 수 있기 때문에 **App** 컴포넌트에서 모달 윈도의 상태를 제어해야 한다.

구매와 로그인 모달 윈도를 표시하는 show 메서드부터 작성한다.

```
showSignInModalWindow(){
    const state = this.state;
    const newState = Object.assign({},state,{showSignInModal:true});
    this.setState(newState);
```

```
    }
    showBuyModalWindow(id,price){
        const state = this.state;
        const newState =
            Object.assign({},state,{showBuyModal:true,productid:id,price:price});
        this.setState(newState);
    }
```

두 메서드 모두 state 객체를 복사하고 해당 모달 윈도우를 출력을 의미하는 불리언
Boolean 필드 값을 설정한다. 로그인 모달 윈도우의 불리언 필드는 showSignInModal이
고, 구매 모달 윈도우의 필드는 showBuyModal이다.

로그인과 구매 모달 윈도우의 toggle 메서드는 모달 윈도우의 출력 상태를 전환한다.
따라서 모달 윈도우의 출력 여부를 나타내는 state 객체의 불리언 필드의 값을 반전시
키면 된다.

```
toggleSignInModalWindow() {
    const state = this.state;
    const newState =
        Object.assign({},state,{showSignInModal:!state.showSignInModal});
    this.setState(newState);
}

toggleBuyModalWindow(){
    const state = this.state;
    const newState =
        Object.assign({},state,{showBuyModal:!state.showBuyModal});
    this.setState(newState);
}
```

새로 추가한 메서드를 사용하려면 App 컴포넌트의 생성자에서 바인드해야 한다.

```
constructor(props) {
    super(props);
    this.state = {
        user: {
            loggedin: false,
            name: ""
        }
    };
    this.showSignInModalWindow = this.showSignInModalWindow.bind(this);
    this.toggleSignInModalWindow = this.toggleSignInModalWindow.bind(this);
    this.showBuyModalWindow = this.showBuyModalWindow.bind(this);
    this.toggleBuyModalWindow = this.toggleBuyModalWindow.bind(this);
}
```

이제 props 객체를 통해 메서드를 컴포넌트에 전달한다. 각 모달 윈도우가 자신의
출력 여부를 알아야 하기 때문에 state.showSignInModal과 state.showBuyModal
플래그도 함께 넘긴다.

```
render() {
    return (
        <div>
            <Router>
                <div>
                    <Nav user={this.state.user}
showModalWindow={this.showSignInModalWindow}/>
                    <div className='container pt-4 mt-4'>
                        <Route exact path="/" render={() => <CardContainer
location='cards.json' showBuyModal={this.showBuyModalWindow} />} />
                        <Route path="/promos" render={() => <CardContainer
location='promos.json' promo={true} showBuyModal={this.showBuyModalWindow}/>} />
                        {this.state.user.loggedin ? <Route path="/myorders"
render={()=><Orders location='user.json'/>}/> : null}
                        <Route path="/about" component={About} />
```

```
            </div>
            <SignInModalWindow showModal={this.state.showSignInModal}
toggle={this.toggleSignInModalWindow}/>
            <BuyModalWindow showModal={this.state.showBuyModal}
toggle={this.toggleBuyModalWindow} productid={this.state.productid}
price={this.state.price}/>
          </div>
        </Router>
      </div>
    );
  }
}
```

다음으로 두 가지 코드 블록을 추가해 컴포넌트를 완성하자.

첫 번째는 App 컴포넌트가 모든 컴포넌트의 진입점이기 때문에 익스포트^{export}될 수 있도록 App.js 파일에 다음 코드를 추가한다.

```
export default App;
```

두 번째는 HTML의 root 엘리먼트에 App 컴포넌트를 연결시켜야 한다. index.js 파일에 아래 코드를 추가한다.

```
import React from 'react';
import ReactDOM from 'react-dom';
import App from './App';
import registerServiceWorker from './registerServiceWorker';

ReactDOM.render(<App />, document.getElementById('root'));
registerServiceWorker();
```

위 코드는 Create React App 툴을 사용한다. 위 코드를 마지막으로 5장을 마무리한다.

▌ 요약

5장에서는 리액트 프레임워크를 사용해 애플리케이션의 프론트엔드를 처음부터 구현했다. 라우팅과 신용카드 결제, 폼 제어, 기본적인 리액트 프레임워크 설계 방식 등의 주제도 학습했다. 일반적인 리액트 애플리케이션을 개발하는 데 충분할 것이다.

6장에서는 주제를 바꿔 다시 Go 언어를 살펴본다. Gin 오픈소스 프레임워크를 사용해 GoMusic 애플리케이션의 백엔드를 구축한다.

▌ 질문거리

1. react-router-dom이란?
2. NavLink의 역할은 무엇인가?
3. 스트라이프Stripe란 무엇인가?
4. 리액트에서 신용카드 결제를 처리하는 과정을 설명하시오.
5. 제어된Controlled 컴포넌트란?
6. BrowserRouter란?
7. 스트라이프 엘리먼트는 무엇인가?
8. injectStripe() 메서드는 무엇인가?
9. 리액트에서 라우팅은 어떻게 처리하는가?

▌ 더 읽을거리

더 자세한 내용은 다음 링크를 참고하라.

- **리액트 라우터 패키지:** https://reacttraining.com/react-router/
- **스트라이프:** https://stripe.com/
- **스트라이프 엘리먼트:** https://stripe.com/docs/recipes/elements-react
- **리액트 폼 제어:** https://reactjs.org/docs/forms.html

Go 웹 API와 미들웨어

3부에서는 Gin 프레임워크를 사용해 Go 언어로 웹 API와 미들웨어를 구현한다. Gin 프레임워크와 백엔드 기술의 기본과 고급 개념을 설명한다. 상용 애플리케이션 테스트와 프로파일링 같은 중요한 실용적인 주제도 다룬다. 3부는 풀스택의 후반부에 해당한다.

3부는 다음과 같이 다섯 개의 장으로 구성된다.

- 6장. Gin 프레임워크 기반 Go RESTful 웹 API
- 7장. Gin과 리액트 기반 고급 웹 애플리케이션
- 8장. 웹 API 테스트와 벤치마킹
- 9장. GopherJS와 동형 Go 프로그래밍 소개
- 10장. 클라우드 네이티브 애플리케이션과 리액트 네이티브 프로그래밍

06

Gin 프레임워크 기반 Go RESTful 웹 API

5장에서 리액트 프레임워크를 사용해 애플리케이션의 프론트엔드를 구현했다.

이제 프론트엔드와 통신하는 효율적인 Go 언어 기반의 백엔드를 구현한다. 6장에서는 고성능 Gin 프레임워크를 사용해 GoMusic 애플리케이션에 필요한 API를 구현한다.

6장에서 다루는 내용은 다음과 같다.

- RESTful API
- Gin 프레임워크
- 모델과 바인딩
- HTTP 핸들러

▌ 기술적 요구 사항

6장에서 작성하는 모든 코드는 다음 링크에서 확인할 수 있다.

https://github.com/PacktPublishing/Hands-On-Full-Stack-Development-with-Go/tree/master/Chapter06

▌ RESTful API

모든 백엔드 시스템에는 프론트엔드와 통신하는 API가 필요하다. 풀스택 소프트웨어는 메시지를 주고받는 프론트엔드와 백엔드로 구성된다. 이 구조에서 가장 많이 쓰이는 API 형식은 RESTful API다.

RESTful API가 무엇인지 알아보자.

개요

RESTful API란 웹 서비스에서 자원을 요청 및 제어할 때 적용되는 일련의 규칙이다. 자원은 보통 HTML 문서(웹 페이지)나 JSON 문서(단순 정보 조회)들이다. JSON이란 JavaScript Object Notation의 약자로, 자바스크립트의 객체를 표현하는 방식으로, API에서 가장 많이 쓰이는 데이터 형식이다.

대부분의 RESTful API는 HTTP를 사용한다.

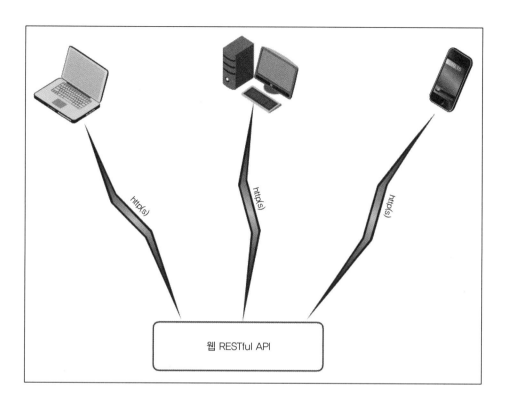

웹 RESTful API

설명이 매우 길어질 수 있지만 몇 가지 단순한 개념만 이해하면 제대로 된 RESTful API를 만들 수 있다. RESTful API의 주요 구성 요소를 설명하겠다.

클라이언트-서버 구조와 URL, HTTP 메서드가 무엇인지 알아보자.

클라이언트-서버 구조

RESTful API는 클라이언트-서버 구조다. 간단히 말해 클라이언트 컴포넌트와 서버 컴포넌트로 구성된다는 뜻이다. 클라이언트는 HTTP 요청을 서버로 보내고 서버는 HTTP 응답을 보낸다. 보통 한 개의 서버가 다수의 클라이언트 요청을 동시에 처리한다.

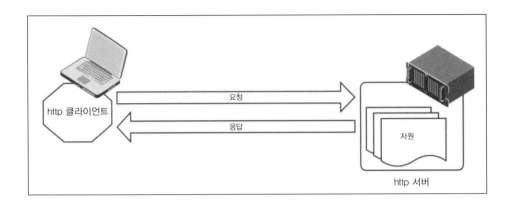

위 그림을 간략하게 설명하면 다음과 같다.

- 클라이언트는 API 요청을 시작하는 컴포넌트다. 클라이언트는 서버에 자원을 요청하거나 직접 자원을 보낸다.
- 서버는 요청을 받고 처리하는 컴포넌트다. 서버는 요청 받은 자원을 클라이언트에게 보내거나 추가 및 수정한다.

URL

URL은 특정 RESTful API 자원의 주소다.

클라이언트는 서버를 가리키는 주소로 요청을 보낸다. 모든 RESTful API는 클라이언트가 특정 URL로 요청을 전송하는 방식이다.

http://www.example.com/user?id=1을 예로 URL의 구조를 살펴보자.

이 URL은 다음과 같은 세 가지 주요 구성 요소로 이뤄져 있다.

1. **서버 주소**: 프로토콜과 서버 도메인 주소의 조합
   예, http://www.example.com/
2. **상대 경로**: 서버 주소의 상대 경로. 예, /user

3. **쿼리:** 요청하는 자원에 대한 정보. 예, ?id=1

서버 주소와 상대 경로는 대부분의 RESTful API에서 필요하지만 쿼리는 특수한 API 요청 시 사용된다.

HTTP 메서드

앞서 설명했듯이 클라이언트는 서버에 요청을 보낸다. 요청한 자원을 서버에서 전달받거나 서버에 있는 자원을 조작할 수 있다. 무엇을 요청했는지 어떻게 알 수 있을까? HTTP 메서드를 사용하면 된다. HTTP 메서드는 클라이언트 요청의 의도를 나타낸다.

다양한 HTTP 요청 메서드가 있지만 RESTful API에서 가장 많이 쓰이는 3가지 메서드를 소개한다.

- **GET 요청 메서드:** 서버에서 특정 자원을 검색할 때 사용한다. 구글 크롬 브라우저에서 www.google.com에 접속하면 브라우저는 해당 URL로 GET HTTP 요청을 보내는 클라이언트 역할을 한다. 구글 서버는 클라이언트의 요청에 해당하는 구글 메인 페이지의 HTML 문서를 전송한다. 브라우저는 이 문서를 파싱하고 화면에 표시한다.

- **POST 요청 메서드:** 서버로 데이터를 보낼 때 사용한다. 이 요청은 반드시 서버에서 처리할 데이터를 바디에 첨부해야 한다. URL에 추가 또는 수정하려는 자원의 식별자를 포함한다. PUT 요청 메서드도 자원 추가와 수정에 사용되지만 이 책에서는 POST 메서드를 사용한다.

- **DELETE 요청 메서드:** 특정 데이터의 삭제를 요청할 때 사용한다. 요청 URL에 삭제하려는 데이터의 식별자가 포함돼 있다.

RESTful API를 살펴봤으니 이제 Gin 프레임워크를 알아보자. 다음 절에서는 Gin 프레임워크를 사용해 Go 언어 기반의 REST API를 구현한다.

▌ Gin 프레임워크

Gin 프레임워크는 고성능 RESTful API 개발에 많이 사용되는 유명한 Go 기반의 오픈소스 프레임워크다. 프로젝트의 상세한 내용은 https://github.com/gin-gonic/gin에서 확인할 수 있다. Gin 프레임워크는 성능도 높고 실제 RESTful API를 구현하는 데 사용할 수 있는 간단하고 사용하기 쉬운 API를 제공한다.

3부에서는 Gin 프레임워크를 사용해 웹 RESTful API를 구현한다. 또한 GoMusic 온라인 쇼핑몰에 필요한 백엔드 코드를 작성한다.

다음 절에서는 모델과 데이터베이스 레이어를 설명한다.

모델과 데이터베이스 레이어

백엔드 시스템은 RESTful API의 데이터를 저장할 데이터베이스가 필요하다. 데이터베이스에 관련된 코드를 데이터베이스 레이어라고 부른다. 실제로 백엔드 시스템을 개발할 때 데이터베이스 레이어는 매우 신중하게 설계해야 한다. 데이터베이스 레이어는 백엔드 시스템에서 가장 중요한 부분이다.

우선 모델부터 살펴보자.

모델

데이터베이스 레이어 설계 시 가장 먼저 데이터 모델$^{data model}$이 필요하다. 데이터 모델이란 데이터베이스에 저장된 데이터를 표현하는 자료 구조다. 예제를 보면 쉽게 이해할 수 있다.

GoMusic 애플리케이션은 온라인에서 상품을 판매하는 단순한 쇼핑몰이기 때문에
다음 세 가지 모델로 나눌 수 있다.

- 상품^{Product}
- 고객^{customer}
- 주문^{customer order}

프로젝트 폴더에 backend 폴더를 만들고 코드를 작성해보자. 이 폴더에 src 폴더를
만들고 다시 그 아래에 models 폴더를 생성한다. models 폴더의 models.go 파일에
모델을 정의할 것이다. 먼저 다음과 같이 패키지를 정의한다.

```
package models
```

Product 구조체를 정의한다.

```
type Product struct{
    Image string `json:"img"`
    ImagAlt string `json:"imgalt"`
    Price float64 `json:"price"`
    Promotion float64 `json:"promotion"`
    ProductName string `json:"productname"`
    Description string `json:"desc"`
}
```

`json:"..."` 구문이 생소해 보일 수 있다. **구조체 태그**^{struct tag}라는 문법으로 해당
필드가 JSON 문서에서 어떤 키에 해당하는지 나타낸다. JSON은 RESTful API에서
데이터를 공유할 때 많이 사용하는 데이터 형식이다. 위 Go 구조체를 JSON 형식으
로 표현하면 다음과 같다.

```json
{
    "img": "/path/to/img.jpeg",
    "imgalt": "image alt",
    "price": 100,
    "promotion":80,
    "productname": "guitar",
    "desc": "A black guitar with with amazing sounds!!"
}
```

위와 같이 간단하게 데이터를 JSON으로 표현할 수 있다.

Go 구조체를 정의할 때 JSON 구조체 태그를 사용하지 않으면 기본 설정된 규칙을
기반으로 각 필드를 JSON 필드로 변환한다. 예를 들어 모든 필드명의 첫 글자를
소문자로 변환한다. 일반적으로 JSON 형식을 완전히 제어하려면 구조체 태그를
사용하는 것이 좋다.

Customer 구조체는 다음과 같이 정의한다.

```go
type Customer struct {
    FirstName string `json:"firstname"`
    LastName string `json:"lastname"`
    Email string `json:"email"`
    LoggedIn bool `json:"loggedin"`
}
```

Order 구조체는 다음과 같이 정의한다.

```go
type Order struct{
    Product
    Customer
    CustomerID int `json:"customer_id"`
    ProductID int `json:"product_id"`
```

```
    Price float64 `json:"sell_price"`
    PurchaseDate time.Time `json:"purchase_date"`
}
```

Order 구조체는 Go 언어의 임베딩^{embedding} 기능을 사용한다. 임베딩이란 구조체 안에 다른 Go 구조체를 포함시키는 것이다. Order 구조체는 Product와 Customer 구조체를 포함한다. img와 firstname을 포함한 Product와 Customer 구조체의 모든 필드를 Order 구조체에 접근할 수 있다.

다음 절에서는 데이터베이스 레이어 인터페이스를 작성한다.

데이터베이스 레이어 인터페이스

잘 설계된 데이터베이스 레이어에서 중요한 부분은 데이터베이스 레이어 인터페이스다. 왜 인터페이스가 중요한지 알아보자. X 데이터베이스로 직접 질의하는 백엔드 시스템이 있다. X 데이터베이스의 높은 유지 비용 때문에 다른 더 저렴한 데이터베이스 시스템으로 교체한다면 어떻게 기존 구조에 새로운 시스템을 적용할 수 있을까? 새로운 데이터베이스를 Y라고 부른다면 X에 질의하는 코드를 모두 찾아서 Y에 대한 질의로 수정해야 한다. 데이터베이스 레이어와 그 외의 많은 부분을 수정해야 할 수도 있다.

방법은 간단하다. 데이터베이스 레이어의 모든 동작을 정의하는 인터페이스를 만들면 된다. 데이터베이스 레이어 밖의 모든 데이터베이스 관련 코드는 인터페이스의 메서드만을 사용해야 한다. 이렇게 하면 데이터베이스를 X에서 Y로 교체해도 Y와 통신하는 데이터베이스 레이어만 새로 작성하고 인터페이스는 그대로 사용할 수 있다. 대부분의 코드는 그대로 두고 데이터베이스 레이어만 수정해도 문제없이 동작한다.

GoMusic 애플리케이션의 데이터베이스 레이어 인터페이스를 작성해보자. 먼저 데이터베이스 레이어의 모든 기능을 파악해야 한다.

- 상품 목록 조회
- 프로모션 목록 조회
- 사용자 이름과 성으로 정보 검색
- 사용자 id로 고객 정보 검색
- 상품 id로 상품 정보 검색
- 신규 사용자 등록
- 데이터베이스에 로그인 계정 마킹
- 데이터베이스에 로그아웃 계정 마킹
- 사용자 id로 주문 내역 조회

backend/src 폴더 안에 dblayer 폴더를 생성하고 dblayer.go 파일을 새로 만든다. 이 파일에 데이터베이스 레이어 인터페이스를 작성한다. 패키지 이름을 선언하고 models 패키지를 임포트한다.

```
package dblayer

import (
    "github.com/PacktPublishing/Hands-On-Full-Stack-Development-with-
    Go/Chapter06/backend/src/models"
)
```

위에서 정리한 모든 기능을 캡슐화하는 인터페이스를 작성한다.

```
type DBLayer interface{
    GetAllProducts() ([]models.Product, error)
    GetPromos() ([]models.Product, error)
```

```
    GetCustomerByName(string, string) (models.Customer, error)

    GetCustomerByID(int) (models.Customer, error)

    GetProduct(uint) (models.Product, error)

    AddUser(models.Customer) (models.Customer, error)

    SignInUser(username, password string) (models.Customer, error)

    SignOutUserById(int) error

    GetCustomerOrdersByID(int) ([]models.Order, error)
}
```

7장에서 데이터베이스 레이어를 구현한다. 지금은 Gin 프레임워크를 사용해 RESTful API 레이어를 개발하는 데 집중하자.

▌ Gin 프레임워크와 REST API 레이어 개발

GoMusic 같은 풀스택 애플리케이션의 백엔드는 RESTful API를 통해 프론트엔드와 통신한다. 백엔드 코드의 대부분이 RESTful API 레이어라는 뜻이다. RESTful API 레이어를 작성해보자.

코드를 작성하기 전에 먼저 생각해야 하는 부분이 있다. RESTful API 백엔드를 제대로 설계하려면 프론트엔드와 백엔드의 요구 사항을 정확히 파악해야 한다.

GoMusic의 RESTful API의 기능은 다음과 같다.

1. 백엔드는 모든 상품의 목록을 프론트엔드로 전달한다.
2. 백엔드는 프로모션 정보를 프론트엔드로 전달한다.
3. 프론트엔드는 백엔드로 사용자 정보를 보내고 로그인하거나 신규 가입한다.
4. 프론트엔드는 백엔드로 로그아웃을 요청한다.
5. 백엔드는 특정 사용자의 주문 내역을 프론트엔드로 전달한다.
6. 프론트엔드는 신용카드 토큰 정보를 백엔드로 보내고 결제를 요청한다.

각 기능별로 어떤 HTTP 메서드를 사용할지 생각해보자.

- 1, 2, 5번은 GET HTTP 요청 메서드를 사용한다. 서버는 클라이언트의 요청에 맞는 자원(이 경우 JSON 문서)만 전달한다.
- 3, 4, 6번은 POST HTTP 요청 메서드를 사용한다. 클라이언트의 요청에 따라 자원을 추가하거나 수정한다.

다음 절에서는 라우팅을 살펴본다.

라우팅 정의

RESTful API 설계의 다음 단계는 각 API 메서드의 기능별 URL 정의다. URL은 API의 자원을 가리키는 경로(라우트)이기 때문에 이 작업을 **라우팅 정의**^{defining routing}라고 한다.

RESTful API 기능별로 라우팅을 정의해보자. 먼저 새로운 파일을 생성한다.

backend/src 폴더 안에 rest 폴더를 만들고 rest.go라는 파일을 생성한다. 이 파일에 Gin 프레임워크 기반 코드를 작성한다. 터미널에서 아래 명령어를 실행하면 개발 환경에 Gin 프레임워크가 설치된다.

```
go get -u github.com/gin-gonic/gin
```

rest.go 파일에 다음과 같이 패키지를 선언하고 Gin 프레임워크를 임포트한다.

```
package rest

import (
    "github.com/gin-gonic/gin"
)
```

다음은 RESTful API의 진입점 함수를 선언한다. 이곳에 RESTful API의 HTTP 라우팅을 정의한다.

```go
func RunAPI(address string) error{
}
```

이 함수의 매개변수는 RESTful API 서버의 주소다.

Gin을 사용하려면 Gin 엔진 객체가 필요하다. 이 객체는 URL을 정의하고 HTTP 메서드를 지정할 때 사용할 객체다.

```go
func RunAPI(address string) error{
    r := gin.Default()
}
```

Gin 엔진 객체를 사용해 HTTP 메서드에 URL을 매핑해보자. 다음은 /relativepath/to/url 상대 경로와 GET 요청을 매핑하는 간단한 예제다.

```go
func RunAPI(address string) error{
    r := gin.Default()
    r.GET("/relativepath/to/url", func(c *gin.Context) {
        // 로직 구현
    })
}
```

익명 함수 func(c *gin.Context){}에는 조건(/relativepath/to/url 경로와 GET 메서드)을 충족하는 클라이언트 요청을 처리하는 작업을 정의한다.

*gin.Context는 Gin 프레임워크가 제공한다. 이 객체는 요청 확인과 처리, 응답에 필요한 기능을 제공한다. 이 부분은 다음 절에서 자세히 설명한다. 지금은 라우팅에

집중하자. API의 각 기능을 다시 살펴보고 알맞게 코드를 작성해보자.

1. 백엔드는 GET 요청에 상품 목록으로 응답한다.

```go
// 상품 목록
r.GET("/products",func(c *gin.Context) {
    // 클라이언트에게 상품 목록 반환
}
)
```

2. 백엔드는 GET 요청에 프로모션 목록으로 응답한다.

```go
// 프로모션 목록
r.GET("/promos",func(c *gin.Context) {
    // 클라이언트에게 프로모션 목록 반환
}
)
```

3. 프론트엔드는 POST 메서드를 통해 로그인 또는 사용자 추가를 요청한다.

```go
// 사용자 로그인 POST 요청
r.POST("/users/signin", func(c *gin.Context) {
    // 사용자 로그인
}
)
// 사용자 추가 POST 요청
r.POST("/users",func(c *gin.Context){
    // 사용자 추가
}
)
```

4. 프론트엔드는 POST 메서드를 통해 로그아웃을 요청한다.

```
// 사용자 로그아웃 POST 요청
/*
아래 경로는 사용자 ID를 포함한다. ID는 사용자마다 고유한 값이기 때문에
와일드카드(*)를 사용한다. ':id'는 변수 id를 의미한다.
*/
r.POST("/user/:id/signout",func(c *gin.Context) {
    // 해당 ID의 사용자 로그아웃
  }
)
```

5. 백엔드는 GET 요청을 통해 특정 사용자의 구매 목록을 제공한다.

```
// 구매 목록 조회
r.GET("/user/:id/orders", func(c *gin.Context) {
    // 해당 ID의 사용자의 주문 내역 조회
  }
)
```

6. 프론트엔드는 POST 메서드를 통해 백엔드로 신용카드 토큰 정보를 보내고 결제를 요청한다.

```
// 결제 POST 요청
r.POST("/users/charge", func(c *gin.Context) {
    // 신용카드 결제 처리
  }
)
```

다음 절에서는 HTTP 핸들러를 구현한다.

핸들러 구현

이제 클라이언트의 요청을 처리하는 작업을 정의하자. 이를 핸들러^{handler}라고 한다.

backend/src/rest 폴더에 handler.go 파일을 생성하고 각 API 요청을 처리하는 작업을 정의한다.

우선 패키지를 선언하고 외부 패키지를 임포트한다.

```
package rest

import (
    "fmt"
    "log"
    "net/http"
    "Strconv"
    "github.com/PacktPublishing/Hands-On-Full-Stack-Development-with-Go/
Chapter06/backend/src/dblayer"
    "github.com/PacktPublishing/Hands-On-Full-Stack-Development-with-Go/
Chapter06/backend/src/models"
    "github.com/gin-gonic/gin"
)
```

코드의 확장성을 높이고자 핸들러의 모든 메서드를 포함하는 인터페이스를 만든다.

```
type HandlerInterface interface {
    GetProducts(c *gin.Context)
    GetPromos(c *gin.Context)
    AddUser(c *gin.Context)
    SignIn(c *gin.Context)
    SignOut(c *gin.Context)
    GetOrders(c *gin.Context)
    Charge(c *gin.Context)
}
```

다음은 모든 메서드가 있는 Handler 구조체를 정의한다. Handler 타입은 데이터를 읽거나 수정하기 때문에 데이터베이스 레이어 인터페이스에 접근할 수 있어야 한다.

```
type Handler struct{
    db dblayer.DBLayer
}
```

좋은 설계 원칙에 따라 Handler의 생성자를 만든다. 우선은 아래와 같이 생성자를 정의한다.

```
func NewHandler() (*Handler, error) {
    // Handler 객체에 대한 포인터 생성
    return new(Handler), nil
}
```

데이터베이스 레이어 타입의 초기화를 위해 이 생성자의 구현을 앞으로 계속해서 추가한다. 우선은 Handler의 메서드를 정의하자.

이제 API가 수행해야 하는 작업을 단계별로 살펴보고 알맞은 핸들러를 작성해보자. 각 절에서 API의 기능을 하나씩 살펴보자.

상품 목록 조회

매개변수가 *gin.Context 타입인 GetProducts 메서드를 정의한다.

```
func (h *Handler) GetProducts(c *gin.Context) {
}
```

먼저 데이터베이스 인터페이스가 nil이 아닌 값으로 초기화됐는지 확인한다. 이 객체를 통해 상품 목록을 조회한다.

```go
func (h *Handler) GetProducts(c *gin.Context) {
    if h.db == nil {
        return
    }
    products, err := h.db.GetAllProducts()
}
```

에러가 발생한다면 어떻게 처리할까? 에러를 나타내는 JSON 데이터를 반환해야 한다. 나아가 요청 실패를 나타내는 HTTP 상태 코드도 포함해야 한다. HTTP 상태 코드를 사용해 HTTP 통신 과정에서 발생한 에러를 나타낼 수 있다. *gin.Context 타입의 JSON() 메서드를 사용하면 JSON 데이터를 반환한다.

```go
func (h *Handler) GetProducts(c *gin.Context) {
    if h.db == nil {
        return
    }
    products, err := h.db.GetAllProducts()
    if err != nil {
        /*
            첫 번째 매개변수는 HTTP 상태 코드, 두 번째는 응답의 바디
        */
        c.JSON(http.StatusInternalServerError, gin.H{"error": err.Error()})
        return
    }
}
```

에러가 발생하지 않았다면 데이터베이스에서 읽은 상품 목록을 반환한다. 데이터 모델에 JSON 구조체 태그로 정의한 필드는 JSON 형식에 맞춰 변환된다.

```
func (h *Handler) GetProducts(c *gin.Context) {
    if h.db == nil {
        return
    }
    products, err := h.db.GetAllProducts()
    if err != nil {
        c.JSON(http.StatusInternalServerError, gin.H{"error": err.Error()})
        return
    }
    c.JSON(http.StatusOK, products)
}
```

프로모션 목록 조회

이 메서드는 호출하는 데이터베이스 메서드 외에는 **GetProducts** 핸들러와 동일하다. 상품 목록 대신 프로모션 목록을 조회하는 메서드를 호출한다.

```
func (h *Handler) GetPromos(c *gin.Context) {
    if h.db == nil {
        return
    }
    promos, err := h.db.GetPromos()
    if err != nil {
        c.JSON(http.StatusInternalServerError, gin.H{"error": err.Error()})
        return
    }
    c.JSON(http.StatusOK, promos)
}
```

사용자 로그인와 신규 가입

이 메서드는 POST 요청을 처리한다. 클라이언트에서 전달받은 JSON 문서를 처리하기 전에 디코딩한다. 클라이언트가 보낸 JSON 형식의 고객 정보를 다음과 같이 JSON 객체로 디코딩한다.

```
func (h *Handler) SignIn(c *gin.Context) {
    if h.db == nil {
        return
    }
    var customer models.Customer
    err := c.ShouldBindJSON(&customer)
}
```

*gin.Context 타입의 c.ShouldBindJSON(...) 메서드는 HTTP 요청 바디에서 JSON 문서를 추출하고 객체로 디코딩한다. 위의 경우 이 객체는 고객 데이터 모델을 나타내는 *models.Customer 타입이다.

SignIn 메서드의 나머지 부분은 간단하다. JSON 문서를 데이터 모델로 디코딩하고 SignInUser 데이터베이스 레이어 메서드를 호출하고 데이터베이스에 로그인 상태를 저장하거나 신규 사용자를 추가한다.

```
func (h *Handler) SignIn(c *gin.Context) {
    if h.db == nil {
        return
    }
    var customer models.Customer
    err := c.ShouldBindJSON(&customer)
    if err != nil {
        c.JSON(http.StatusBadRequest, gin.H{"error": err.Error()})
        return
    }
```

```go
    customer,err = h.db.SignInUser(customer)
    if err != nil {
        c.JSON(http.StatusInternalServerError, gin.H{"error": err.Error()})
        return
    }
    c.JSON(http.StatusOK, customer)
}
```

신규 사용자 추가 메서드 구현도 위 메서드와 비슷하다. 로그인 대신 사용자를 추가
하면 된다.

```go
func (h *Handler) AddUser(c *gin.Context) {
    if h.db == nil {
        return
    }
    var customer models.Customer
    err := c.ShouldBindJSON(&customer)
    if err != nil {
        c.JSON(http.StatusBadRequest, gin.H{"error": err.Error()})
        return
    }
    customer,err = h.db.AddUser(customer)
    if err != nil {
        c.JSON(http.StatusInternalServerError, gin.H{"error": err.Error()})
        return
    }
    c.JSON(http.StatusOK, customer)
}
```

로그아웃 요청

이 핸들러의 URL은 매개변수(/user/:id/signout)를 포함한다. 핸들러의 역할은 다음과 같다.

1. URL에서 로그아웃하는 사용자의 ID를 추출한다. ***gin.Context** 타입의 Param() 메서드를 사용한다.

```go
func (h *Handler) SignOut(c *gin.Context) {
   if h.db == nil {
      return
   }
   p := c.Param("id")
   // p는 문자형. 정수형으로 변환해야 함
   id,err := strconv.Atoi(p)
   if err != nil {
      c.JSON(http.StatusBadRequest, gin.H{"error": err.Error()})
      return
   }
}
```

2. **SignOutUserById** 데이터베이스 레이어 메서드를 호출하고 데이터베이스에 해당 사용자를 로그아웃 상태로 설정한다.

```go
func (h *Handler) SignOut(c *gin.Context) {
   if h.db == nil {
      return
   }
   p := c.Param("id")
   id, err := strconv.Atoi(p)
   if err != nil {
      c.JSON(http.StatusBadRequest, gin.H{"error": err.Error()})
      return
```

```
        }
        err = h.db.SignOutUserById(id)
        if err != nil {
            c.JSON(http.StatusInternalServerError, gin.H{"error": err.Error()})
            return
        }
    }
```

사용자의 주문 내역 조회

이 핸들러도 URL에 매개변수(/user/:id/orders)를 포함한다. :id 매개변수는 주문
자의 사용자 ID를 나타낸다.

```
func (h *Handler) GetOrders(c *gin.Context) {
    if h.db == nil {
        return
    }
    // id 매개변수 추출
    p := c.Param("id")
    // p 문자열을 정수형 id로 변환
    id, err := strconv.Atoi(p)
    if err != nil {
        c.JSON(http.StatusBadRequest, gin.H{"error": err.Error()})
        return
    }
    // 데이터베이스 레이어 메서드 호출과 주문 내역 조회
    orders, err := h.db.GetCustomerOrdersByID(id)
    if err != nil {
        c.JSON(http.StatusInternalServerError, gin.H{"error": err.Error()})
        return
    }
    c.JSON(http.StatusOK, orders)
}
```

신용카드 결제 요청

데이터베이스 관련 작업 외에 여러 작업을 수행하는 핸들러다. 스트라이프 API를 사용해 사용자의 신용카드로 결제를 한다. 이 부분은 7장에서 자세히 설명한다. 우선은 다음과 같이 핸들러를 정의한다.

```
func (h *Handler) Charge(c *gin.Context) {
    if h.db == nil {
        return
    }
}
```

정리

./backend/src/rest/rest.go 파일을 열고 핸들러와 라우팅을 매핑한다.

```
func RunAPI(address string) error {
    // Gin 엔진
    r := gin.Default()
    // 핸들러 생성
    h, _ := NewHandler()
    // 상품 목록
    r.GET("/products", h.GetProducts)
    // 프로모션 목록
    r.GET("/promos", h.GetPromos)
    // 사용자 로그인
    r.POST("/users/signin", h.SignIn)
    // 사용자 추가
    r.POST("/users",h.AddUser)
    // 사용자 로그아웃
    r.POST("/user/:id/signout", h.SignOut)
    // 주문 내역
```

```
        r.GET("/user/:id/orders", h.GetOrders)
        // 결제
        r.POST("/users/charge", h.Charge)
        // 서버 시작
        return r.Run(address)
    }
```

마지막 줄의 **r.Run(address)**는 RESTful API 서버가 HTTP 클라이언트 요청을 기다리도록 반드시 API 핸들러와 라우팅 정의 뒤에 호출해야 한다.

/user/와 /users로 시작하는 라우팅은 다음과 같이 **Group()** 메서드를 사용해 리팩토링할 수 있다.

```
func RunAPI(address string,h HandlerInterface) error {
    // Gin 기본 엔진
    r := gin.Default()
    // 핸들러 생성
    h, _ := NewHandler()
    // 상품 목록
    r.GET("/products", h.GetProducts)
    // 프로모션 목록
    r.GET("/promos", h.GetPromos)
    /*
        // 사용자 로그인
        r.POST("/users/signin", h.SignIn)
        // 사용자 추가
        r.POST("/users",h.AddUser)
        // 사용자 로그아웃
        r.POST("/user/:id/signout", h.SignOut)
        // 주문 내역
        r.GET("/user/:id/orders", h.GetOrders)
        // 결제
        r.POST("/users/charge", h.Charge)
```

```
    */

    userGroup := r.Group("/user")
    {
        userGroup.POST("/:id/signout", h.SignOut)
        userGroup.GET("/:id/orders", h.GetOrders)
    }
    usersGroup := r.Group("/users")
    {
        usersGroup.POST("/charge", h.Charge)
        usersGroup.POST("/signin", h.SignIn)
        usersGroup.POST("", h.AddUser)
    }

    // 서버 시작
    return r.Run(address)
}
```

위와 같은 방식을 **그룹 라우팅**grouping routes이라고 부른다. URL의 일부를 공유하는 HTTP 라우팅은 같은 코드 블록으로 묶을 수 있다.

핸들러를 매개변수로 전달받는 함수이기 때문에 함수명을 RunAPIWithHandler()로 수정하면 의미가 확실해진다.

```
func RunAPIWithHandler(address string,h HandlerInterface) error{
    // 코드
}
```

RunAPIWithHandler() 기본 상태를 나타내는 RunAPI() 함수를 만든다. 이 함수는 HandlerInterface의 기본 구현을 사용한다.

```
func RunAPI(address string) error {
    h, err := NewHandler()
    if err != nil {
        return err
    }
    return RunAPIWithHandler(address, h)
}
```

backend/src 폴더의 main.go 파일에서 RunAPI()를 호출한다.

```
func main() {
    log.Println("Main log....")
    log.Fatal(rest.RunAPI("127.0.0.1:8000"))
}
```

이제 완성된 백엔드와 앞에서 작성한 리액트 프론트엔드를 어떻게 연결할 수 있을까? 방법은 간단하다. 리액트 프론트엔드의 root 폴더에 있는 package.json 파일에 다음 필드를 추가한다.

```
"proxy": "http://127.0.0.1:8000/"
```

이 필드를 추가하면 프론트엔드는 모든 요청을 프록시proxy 주소로 포워딩한다. RunAPI() 함수에서 address 매개변수의 값을 127.0.0.1:8000으로 설정하면 프론트엔드의 요청을 받기 시작한다.

▌ 요약

RESTful API 개념부터 데이터 모델링과 라우팅 정의, 그룹 라우팅, 핸들러 생성 등의 주제를 설명했다. Go 언어 기반의 웹 API를 구현하는 데 반드시 필요한 개념이다.

RESTful API 개발에서 많이 사용되는 Gin 프레임워크도 살펴봤다.

7장에서는 웹 API를 더 자세히 알아본다. ORM과 보안 같은 고급 개념도 설명한다. 나아가 앞서 작성한 프론트엔드를 다시 살펴보고 백엔드와 연결한다.

▌ 질문거리

1. Gin이란 무엇인가?
2. HTTP란 무엇인가?
3. RESTful API란 무엇인가?
4. URL이란 무엇인가?
5. 핸들러의 역할은 무엇인가?
6. JSON이란 무엇인가?
7. `Param()` 메서드의 역할은 무엇인가?
8. `c.JSON()` 메서드의 역할은 무엇인가?
9. `Group()` 메서드의 역할은 무엇인가?

▌ 더 읽을거리

더 자세한 내용은 다음 링크를 참고하라.

- **Gin 프레임워크:** https://github.com/gin-gonic/gin
- **대표적 상태 이전:** https://stackoverflow.com/a/29648972

Gin과 리액트 기반 고급 웹 애플리케이션

계속해서 GoMusic 애플리케이션을 개발하자. 완성도 높은 백엔드 소프트웨어를 개발하는 방법을 실습하기 전에 몇 가지 복잡한 개념을 설명한다. 애플리케이션과 상용 데이터베이스를 연결하는 데이터베이스 레이어의 구현을 간소화할 수 있는 **객체 관계 매핑**ORM, Object-Relational Mapping과 웹 API 핸들러의 기능을 확장할 수 있는 미들웨어, 웹 애플리케이션을 보호하는 인증 시스템, 그리고 신용카드 결제 등의 중요하고 실용적인 주제를 설명한다. 나아가 GoMusic 애플리케이션의 프론트엔드를 다시 살펴보고 백엔드 시스템과 연결하는 방법을 알아본다.

7장에서 다루는 내용은 다음과 같다.

- 데이터베이스 레이어와 ORM

- 미들웨어
- 보안과 인증, 인가
- 신용카드 결제
- 리액트 애플리케이션 프록시
- 리액트 애플리케이션의 인증과 인가

나아가 7장에서 백엔드에 새롭게 추가한 기능을 활용할 수 있도록 애플리케이션의
프론트엔드 레이어를 다시 살펴보고 개선한다.

▌ 기술적 요구 사항

7장에서 필요한 소프트웨어는 다음과 같다.

- Go 언어
- VS Code 등의 코드 에디터나 IDE
- npm과 Node.js
- 리액트 프레임워크

다음 주제의 이해가 필요하다.

- Go(2장, 3장 참고)
- 자바스크립트
- 리액트 프레임워크(4장, 5장 참고)
- 관계형 데이터베이스와 MySQL

7장에서 작성하는 모든 코드는 다음 링크에서 확인할 수 있다.

https://github.com/PacktPublishing/Hands-On-Full-Stack-Development-with-Go/tree/master/Chapter07

▌ 데이터베이스 레이어

6장에서 데이터베이스 레이어를 정의한 파일을 backend\src\dblayer 폴더에 만들었다. 이 레이어의 모든 메서드를 포함하는 데이터베이스 레이어 인터페이스의 정의는 다음과 같다.

```
type DBLayer interface {
    GetAllProducts() ([]models.Product, error)
    GetPromos() ([]models.Product, error)
    GetCustomerByName(string, string) (models.Customer, error)
    GetCustomerByID(int) (models.Customer, error)
    GetProduct(int) (models.Product, error)
    AddUser(models.Customer) (models.Customer, error)
    SignInUser(username, password string) (models.Customer, error)
    SignOutUserById(int) error
    GetCustomerOrdersByID(int) ([]models.Order, error)
}
```

이제 각 메서드를 구현하고 데이터베이스 레이어를 완성시키자.

메서드를 구현하기 전에 먼저 데이터베이스가 필요하다.

관계형 데이터베이스

데이터베이스는 모든 애플리케이션 백엔드의 핵심 요소다. 백엔드 레이어가 데이터를 저장하고 추출하는 시스템이다.

관계형 데이터베이스는 다수의 테이블에 데이터를 저장하고 테이블 간의 관계를 설정하는 데이터베이스 모델이다.

데이터베이스에 다음 세 가지 사항을 설정한다.

- **데이터베이스 이름:** GoMusic
- **테이블 이름:** 다음 3개의 테이블을 생성한다.
  - **customer 테이블:** 애플리케이션 사용자 정보를 저장
  - **orders 테이블:** 사용자와 주문 내역 매핑
  - **products 테이블:** 모든 상품 정보 저장
- **인덱스와 테이블 관계:** orders 테이블은 customer와 products 테이블을 참조한다. 따라서 두 테이블 모두 id 칼럼에 대한 인덱스가 필요하다. 인덱스를 사용해 쿼리를 더 빠르고 효율적으로 수행할 수 있다.

이 책에서 사용하는 MySQL은 유명한 관계형 데이터베이스다. 매우 인기 있는 오픈 소스 데이터베이스 엔진이며 다양한 규모의 프로젝트에서 사용된다.

백엔드에서 사용하는 데이터베이스의 구조는 다음과 같다.

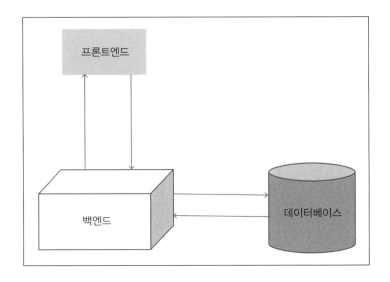

다음 절에서는 MySQL을 설정한다.

설정

데이터베이스와 테이블을 생성하려면 우선 MySQL을 설치해야 한다. 엔터프라이즈 에디션과 커뮤니티 에디션이 있는데, 단순한 프로젝트인 GoMusic은 커뮤니티 에디션을 사용한다. 커뮤니티 에디션은 무료로 학습과 연구 목적으로 사용할 수 있다. 다음 링크에서 MySQL 커뮤니티 에디션을 다운로드하고 개발 환경에 설치한다.

https://dev.mysql.com/downloads/

다음은 클라이언트 툴을 설치한다. 일반적으로 MySQL 패키지에는 아래 스크린샷에 나와 있는 MySQL 워크벤치 툴이 포함돼 있다.

MySQL 워크벤치를 사용해 데이터베이스와 테이블, 인덱스, 관계를 생성한다. 각 테이블을 하나씩 살펴보자.

customer 테이블

customer 테이블은 애플리케이션의 사용자 정보를 저장하는 테이블이다. 테이블의 구조는 다음과 같다.

#	Name	Datatype	Length/Set	Unsign...	Allow N...	Zerofill	Default
1	id	INT	11	☐	☐	☐	AUTO_INCREMENT
2	firstname	VARCHAR	50	☐	☐	☐	0
3	lastname	VARCHAR	50	☐	☐	☐	0
4	email	VARCHAR	100	☐	☐	☐	0
5	pass	VARCHAR	100	☐	☐	☐	0
6	cc_customerid	VARCHAR	50	☐	☐	☐	0
7	loggedin	TINYINT	1	☐	☐	☐	0
8	created_at	TIMESTAMP		☐	☑	☐	CURRENT_TIMEST...
9	updated_at	TIMESTAMP		☐	☑	☐	CURRENT_TIMEST...
10	deleted_at	TIMESTAMP		☐	☑	☐	NULL

이 테이블에는 10개의 칼럼이 있다.

1. **id:** 사용자 고유 ID

2. **firstname:** 사용자 이름

3. **lastname:** 사용자 성

4. **email:** 사용자 이메일

5. **pass:** 사용자 패스워드. 반드시 해시 값으로 저장한다.

6. **cc_customerid:** 사용자의 신용카드 ID. 뒤에서 자세히 설명한다.

7. **loggedin:** 사용자의 로그인 상태를 나타내는 플래그

8. **created_at:** 사용자가 추가된 날짜

9. **updated_at:** 행/사용자의 정보가 마지막으로 업데이트된 시간

10. **deleted_at:** 행이 삭제된 시간

이 테이블에는 2개의 인덱스가 있다. 인덱스를 사용해 쿼리를 더 빠르고 효율적으로 수행할 수 있다. 쿼리의 검색 키로 사용하는 칼럼을 인덱스 키로 설정한다. 중복이 없는 고유 값을 저장하는 칼럼을 구별할 때 인덱스를 사용하기도 한다.

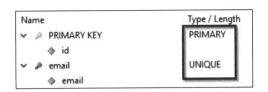

이 테이블의 기본 키^{primary key}는 id 칼럼으로, 사용자별로 부여하는 고유 식별 번호다. email 칼럼은 고유 키^{unique key}다. 이메일 주소가 같은 사용자는 존재할 수 없다.

orders 테이블

주문 내역을 저장하는 orders 테이블의 구조는 다음과 같다.

	#	Name	Datatype	Length/Set	Unsign...	Allow N...	Zerofill	Default
🔑	1	id	INT	11	☐	☐	☐	No default
	2	customer_id	INT	11	☐	☐	☐	No default
	3	product_id	INT	11	☐	☐	☐	No default
	4	price	INT	11	☐	☐	☐	No default
	5	purchase_date	TIMESTAMP		☐	☐	☐	CURRENT_TIMEST...
	6	created_at	TIMESTAMP		☐	☑	☐	CURRENT_TIMEST...
	7	updated_at	TIMESTAMP		☐	☑	☐	CURRENT_TIMEST...
	8	deleted_at	TIMESTAMP		☐	☑	☐	NULL

이 테이블에는 8개의 칼럼이 있다.

1. **id:** 주문 고유 ID

2. **customer_id:** 주문자의 사용자 ID

3. **product_id:** 주문자가 구매한 상품 ID

4. **price:** 구매 가격

5. **purchase_date:** 주문 일자

6. **created_at:** 행이 생성된 날짜/시간

7. **updated_at:** 행이 마지막으로 업데이트된 시간

8. **deleted_at:** 행이 삭제된 시간

아래 스크린샷을 보면 이 테이블에는 한 개의 인덱스가 있다.

id 칼럼의 고유^{unique} 인덱스다. 모든 주문번호는 고유하다.

products 테이블

마지막으로 products 테이블은 사용자와 주문 상품을 매핑한다.

이 테이블에는 10개의 칼럼이 있다.

1. **id:** 상품 고유 ID

2. **image:** 상품 이미지의 상대 경로

3. **imgalt:** 상품 이미지의 다른 이름

4. **description:** 상품 설명

5. **productname:** 상품명

6. **price:** 상품 가격

7. **promotion:** 상품의 프로모션 가격

8. **created_at:** 행이 생성된 시간

9. `updated_at`: 행이 마지막으로 업데이트된 시간

10. `deleted_at`: 행이 삭제된 시간

상품 id 칼럼의 고유 인덱스를 생성한다.

Name	Type / Length
∨ ⌕ PRIMARY KEY	PRIMARY
◆ id	

이것으로 애플리케이션에서 필요한 데이터베이스가 완성됐다. 매우 단순한 구조지만 앞으로 설명할 개념을 적용하기엔 충분하다.

데이터베이스 설계를 마무리하고 다음 절에서는 데이터베이스와 상호작용하는 코드를 작성해본다.

ORM

데이터베이스와 코드 사이의 상호작용은 ORM 방식을 사용한다. ORM은 객체지향적으로 데이터베이스를 제어하는 방식이다. ORM을 사용하면 대부분의 프로그래밍 언어에서 데이터베이스 테이블은 객체로, 쿼리는 메서드로 표현할 수 있다.

각 테이블을 나타내는 Go 구조체를 정의한다. 이미 6장에서 product와 customer, order 모델을 정의했다.

코드를 작성하기 전에 우선 ORM을 지원하는 Go 오픈소스 패키지인 GORM^{Go Object-Relational Mapping}을 알아보자.

GORM

GORM 패키지는 Go 언어에서 가장 많이 사용되는 ORM 패키지다. 자세한 설명은 http://gorm.io/에서 확인할 수 있다. GORM은 백엔드 레이어를 쉽게 작성할 수

있는 훌륭한 기능을 제공한다. 이 패키지를 사용해 데이터베이스 레이어를 단계별로 작성해보자.

먼저 GORM 패키지를 설치한다.

```
go get -u github.com/jinzhu/gorm
```

GORM에서 사용할 수 있도록 모델을 확장한다.

ORM에서 데이터베이스 테이블을 사용하려면 테이블의 칼럼 구조를 정확하게 표현하는 모델 객체와 테이블의 메타정보가 필요하다. 예를 들어 행이 업데이트되거나 삭제, 생성된 시간을 기반으로 데이터베이스와 애플리케이션을 동기화한다.

GORM이 제공하는 gorm.Model 구조체에는 행의 id와 created_at, updated_at, deleted_at 필드가 있다. 데이터를 나타내는 구조체에는 gorm.Model을 임베드하는 것이 좋다. 예를 들어 customers 테이블의 구조체는 다음과 같이 정의한다.

```
type Customer struct {
    gorm.Model
    Name string `json:"name"`
    FirstName string `gorm:"column:firstname" json:"firstname"`
    LastName string `gorm:"column:lastname" json:"lastname"`
    Email string `gorm:"column:email" json:"email"`
    Pass string `json:"password"`
    LoggedIn bool `gorm:"column:loggedin" json:"loggedin"`
    Orders []Order `json:"orders"`
}
```

위 구조체에는 여러 구조체 태그가 있다. gorm 태그는 해당 필드의 칼럼 이름을 나타낸다. 예를 들어 gorm:"column:firstname" 부분은 FirstName 필드의 칼럼 이름이 firstname이라는 의미다.

252

json 구조체 태그는 해당 필드의 JSON 필드명을 나타낸다. 이론적으로 모든 필드에 구조체 태그를 붙여야 할 필요는 없다. 다만 혼란을 피할 수 있어 실용적이다.

GORM은 어떻게 Customer 구조체가 customers 테이블에 해당하는지 알 수 있을까? 일반적으로 GORM은 구조체 이름의 첫 글자를 소문자로 바꾸고 끝에 's'를 붙인다. Customer는 customers가 된다. TableName() 메서드를 사용해 구조체가 나타내는 테이블의 이름을 직접 설정하는 방법도 있다. 다음과 같이 사용한다.

```go
func (Customer) TableName() string {
    return "customers"
}
```

프로젝트 폴더의 backend\src\models\models.go 파일을 열고 products와 orders 테이블의 모델을 수정한다.

```go
type Product struct {
    gorm.Model
    Image string `json:"img"`
    ImagAlt string `json:"imgalt" gorm:"column:imgalt"`
    Price float64 `json:"price"`
    Promotion float64 `json:"promotion"` //sql.NullFloat64
    PoructName string `gorm:"column:productname" json:"productname"`
    Description string
}

func (Product) TableName() string {
    return "products"
}

type Order struct {
    gorm.Model
    Product
```

```
    Customer
    CustomerID int `gorm:"column:customer_id"`
    ProductID int `gorm:"column:product_id"`
    Price float64 `gorm:"column:price" json:"sell_price"`
    PurchaseDate time.Time `gorm:"column:purchase_date" json:"purchase_date"`
}

func (Order) TableName() string {
    return "orders"
}
```

다음 절에서는 데이터베이스 레이어를 구현한다.

데이터베이스 레이어 구현

데이터베이스 레이어의 메서드를 구현해보자.

6장에서 아래와 같이 데이터베이스 레이어 인터페이스에 모든 데이터베이스 관련 메서드를 선언했다.

```
type DBLayer interface {
    GetAllProducts() ([]models.Product, error)
    GetPromos() ([]models.Product, error)
    GetCustomerByName(string, string) (models.Customer, error)
    GetCustomerByID(int) (models.Customer, error)
    GetProduct(int) (models.Product, error)
    AddUser(models.Customer) (models.Customer, error)
    SignInUser(username, password string) (models.Customer, error)
    SignOutUserById(int) error
    GetCustomerOrdersByID(int) ([]models.Order, error)
}
```

먼저 /backend/src/dblayer 폴더에 orm.go 파일을 생성한다.

GORM 패키지가 제공하는 플러그인을 사용해 다양한 종류의 데이터베이스에 연결할 수 있다. GORM을 사용하는 파일에서 플러그인을 간접적으로 임포트한다(실제로 사용하지는 않지만 초기화를 위해 임포트한다 - 옮긴이).

다음과 같이 플러그인과 GORM 패키지를 임포트한다.

```
import (
    _ "github.com/go-sql-driver/mysql"
    "github.com/jinzhu/gorm"
)
```

github.com/go-sql-driver/mysql 패키지를 사용한다. 다음 **go get** 명령어를 실행하면 패키지가 설치된다.

```
go get github.com/go-sql-driver/mysql
```

다음은 **DBLayer** 인터페이스를 구현하는 **Go** 구조체를 정의한다.

이 구조체는 *gorm.DB 타입을 임베드한다. *gorm.DB 타입을 통해 GORM의 메서드를 호출한다.

```
type DBORM struct {
    *gorm.DB
}
```

새 구조체의 성생자가 필요하다. 생성자는 임베드된 *gorm.DB를 초기화한다.

gorm.Open() 함수를 호출하면 *gorm.DB 타입을 초기화한다. 이 함수는 데이터베이스 종류(mysql)와 연결 문자열을 매개변수로 전달받는다. 연결 문자열은 해당 데이터베이스로 연결할 때 필요한 정보를 담고 있다. 생성자의 사용성을 높이고자 데이터베이스 이름과 연결 문자열을 하드코딩하지 않는다. 대신 다음과 같이 생성자에 매개변수로 전달한다.

```go
func NewORM(dbname, con string) (*DBORM, error) {
    db, err := gorm.Open(dbname, con)
    return &DBORM{
        DB: db,
    }, err
}
```

마지막으로 `DBLayer` 인터페이스의 메서드를 구현하자.

GORM이 제공하는 유용한 메서드를 활용하면 직접 쿼리를 작성하지 않아도 된다. `GetAllProducts()` 메서드부터 구현한다. 모든 상품의 목록을 반환하는 이 메서드는 `select *` SQL문과 동일하다. 다음과 같이 `*gorm.DB`의 `db.Find()` 메서드를 사용한다.

```go
func (db *DBORM) GetAllProducts() (products []models.Product, err error) {
    return products, db.Find(&products).Error
}
```

GORM 등의 ORM을 사용하면 매우 효율적으로 코드를 작성할 수 있다. 위와 같이 메서드를 호출하면 `products` 테이블에 `select * from products` 쿼리를 실행하고 결과를 반환한다. 메서드에 전달한 인수가 `[]models.Product` 타입이기 때문에 `products` 테이블을 조회한다.

다음은 프로모션 중인 상품을 반환하는 `GetPromos()` 메서드를 작성한다.

`where` 조건이 있는 간단한 `select`문이다. `Where()` 메서드와 앞에서 사용한 `Find()` 메서드를 함께 사용하면 된다.

```
func (db *DBORM) GetPromos() (products []models.Product, err error) {
    return products, db.Where("promotion IS NOT NULL").Find(&products).Error
}
```

마찬가지로 코드가 매우 간결하고 효율적이다. 다음 SQL문과 같은 의미의 코드다.

```
select * from products where promotion IS NOT NULL
```

Where() 메서드는 쿼리의 조건을 나타내는 Go 구조체 값을 매개변수로 전달받는다. 아래의 GetCustomerByName 메서드를 보면 사용자 이름과 성을 매개변수로 전달받고 사용자 정보를 반환한다.

```
func (db *DBORM) GetCustomerByName(firstname string, lastname string) (customer
models.Customer, err error) {
    return customer, db.Where(&models.Customer{FirstName: firstname, LastName:
lastname}).Find(&customer).Error
}
```

GetPromos() 메서드의 구현과 매우 비슷하다. 다른 점은 where 구문의 문자열 대신 이름과 성을 나타내는 Go 구조체를 Where()의 매개변수로 전달한다는 점이다. 아래 쿼리와 같은 의미다.

```
select * from customers where firstname='..' and lastname='..'
```

다음은 사용자 ID로 사용자 정보를 조회하는 GetCustomerByID() 메서드를 구현한다.

이번에는 Where와 Find의 조합 대신 쿼리의 조건을 만족하는 첫 번째 결과만 반환하는 First 메서드를 사용한다.

```
func (db *DBORM) GetCustomerByID(id int) (customer models.Customer, err error) {
    return customer, db.First(&customer, id).Error
}
```

ID가 가리키는 상품의 정보를 반환하는 GetProduct()는 반환하는 값이 사용자 대신 상품이라는 점 외에는 위의 GetCustomerByID() 메서드와 같다.

```
func (db *DBORM) GetProduct(id int) (product models.Product, error error) {
    return product, db.First(&product, id).Error
}
```

지금까지 쿼리를 수행하고 결과를 반환하는 메서드를 작성했다. 이제 데이터를 삽입하고 수정하는 메서드를 작성한다.

다음은 새로운 사용자의 정보를 데이터베이스에 삽입하는 AddUser() 메서드다.

이 메서드는 사용자의 패스워드를 해싱^{hashing}('보안' 절에서 설명한다)하고 로그인 상태로 설정한다. GORM은 데이터베이스에 데이터를 삽입하는 Create() 메서드를 제공한다.

```
func (db *DBORM) AddUser(customer models.Customer) (models.Customer, error) {
    // hashPassword 함수는 뒤에서 설명한다.
    hashPassword(&customer.Pass)
    customer.LoggedIn = true
    return customer, db.Create(&customer).Error
}
```

customers 테이블에서 사용자의 loggedin 칼럼 값을 설정하는 SignInUser 메서드를 구현한다.

SignInUser 메서드는 로그인하는 사용자를 이메일로 식별한다. 입력한 패스워드가 맞을 경우 데이터베이스에서 해당 사용자 정보를 업데이트한다.

```go
func (db *DBORM) SignInUser(email, pass string) (customer models.Customer, err error) {
    // checkPassword 함수는 뒤에서 설명한다.
    if !checkPassword(pass) {
        return customer, errors.New("Invalid password")
    }
    // 사용자 행을 나타내는 *gorm.DB 타입
    result := db.Table("Customers").Where(&models.Customer{Email: email})
    // loggedin 필드 업데이트
    err = result.Update("loggedin", 1).Error
    if err != nil {
        return customer, err
    }
    // 사용자 행 반환
    return customer, result.Find(&customer).Error
}
```

위 코드에서 다음 부분을 자세히 살펴보자.

- result := db.Table("Customers").Where(&models.Customer{Email: email}): 질의 결과를 나타내는 구조체를 반환한다.
- result.Update("loggedin", 1): 행을 업데이트한다.

SignOutUserById() 메서드는 ID에 해당하는 사용자를 로그아웃 처리한다. 앞서 작성한 메서드와 같은 방식으로 메서드를 작성한다.

```go
func (db *DBORM) SignOutUserById(id int) error {
    // ID에 해당하는 사용자 구조체 생성
    customer := models.Customer{
```

```
    Model: gorm.Model{
        ID: uint(id),
    },
}
// 사용자의 상태를 로그아웃 상태로 업데이트한다.
return db.Table("Customers").Where(&customer).Update("loggedin", 0).Error
}
```

마지막으로 특정 사용자의 주문 내역을 조회하는 GetCustomerOrdersByID() 메서드를 구현한다.

```
func (db *DBORM) GetCustomerOrdersByID(id int) (orders []models.Order, err error) {
    return orders, db.Table("orders").Select("*")
    .Joins("join customers on customers.id = customer_id")
    .Joins("join products on products.id = product_id")
    .Where("customer_id=?", id).Scan(&orders).Error
}
```

앞서 작성한 메서드와 구현 방식이 조금 다르다. 이 메서드는 orders와 customers, products 테이블을 조인한다. customers 테이블에서 전달받은 ID 값에 해당하는 사용자 정보를 조회한다. 그리고 products 테이블에서 현재 선택된 상품 ID에 해당하는 상품 정보를 가져온다. GORM 패키지는 테이블을 조인하는 Joins() 메서드를 제공한다. 앞의 코드와 아래 쿼리의 의미는 같다(customer_id가 1이라고 가정).

```
SELECT * FROM `orders` join customers on customers.id = customer_id join products on
products.id = product_id WHERE (customer_id='1')
```

데이터베이스 레이어가 거의 완성됐다. 다음 절에서는 미들웨어를 설명한다.

▌ 미들웨어

최신 웹 애플리케이션 분야에서 미들웨어는 흥미롭고 중요한 주제다. 미들웨어^{middleware}는 소프트웨어 개발 분야에서 많은 것을 의미한다. 하지만 이 책에서 설명하는 미들웨어는 HTTP 요청을 처리하는 핸들러 실행 전에 실행되는 코드를 의미한다. 예제를 보면 쉽게 이해할 수 있다.

앞서 구현한 GoMusic 애플리케이션의 RESTful API에서 /products 경로의 정의를 다시 살펴보자. 다음과 같이 URL과 GetProducts 핸들러를 매핑했다.

```
r.GET("/products", h.GetProducts)
```

GetProducts 핸들러 메서드는 다음과 같이 정의했다.

```
func (h *Handler) GetProducts(c *gin.Context) {
    if h.db == nil {
        return
    }
    products, err := h.db.GetAllProducts()
    if err != nil {
        c.JSON(http.StatusInternalServerError, gin.H{"error": err.Error()})
        return
    }
    c.JSON(http.StatusOK, products)
}
```

API가 실행되는 순서는 다음과 같다.

1. /products 상대 URL 경로로 HTTP GET 요청이 들어온다.
2. GetProducts() 메서드를 호출한다.

간단하게 정의하면 웹 API 미들웨어는 1번과 2번 사이 또는 그 뒤에 실행되는 코드다. 기술적으로 정의하면 미들웨어는 핸들러 메서드를 감싸는 또 다른 HTTP 핸들러 함수다. GetProducts() 메서드를 캡슐화하고 메서드 호출 전후에 새로운 코드를 추가하자.

Gin 프레임워크에는 기본적으로 2개의 미들웨어가 포함돼 있다. 하지만 필요하다면 직접 미들웨어를 정의해도 된다.

Gin 웹 서버에서 사용할 수 있는 2개의 기본 미들웨어는 로거^{logger} 미들웨어와 리커버리^{recovery} 미들웨어다. 로거 미들웨어는 이름 그대로 애플리케이션이 실행되는 동안 모든 활동을 로그로 남긴다. Gin 기반 Go 웹 애플리케이션을 터미널에서 실행하면 다음과 같은 로그 메시지가 출력된다.

```
[GIN] 2018/12/29 - 13:33:19 |?[97;42m 200 ?[0m| 2.7849836s | 127.0.0.1
|?[97;44m GET ?[0m /products
[GIN] 2018/12/29 - 13:33:19 |?[97;42m 200 ?[0m| 65.82ms | 127.0.0.1
|?[97;44m GET ?[0m /img/redguitar.jpeg
[GIN] 2018/12/29 - 13:33:19 |?[97;42m 200 ?[0m| 65.82ms | 127.0.0.1
|?[97;44m GET ?[0m /img/drums.jpg
[GIN] 2018/12/29 - 13:33:19 |?[97;42m 200 ?[0m| 67.4312ms | 127.0.0.1
|?[97;44m GET ?[0m /img/strings.png
[GIN] 2018/12/29 - 13:33:19 |?[97;42m 200 ?[0m| 9.4939ms | 127.0.0.1
|?[97;44m GET ?[0m /img/flute.jpeg
[GIN] 2018/12/29 - 13:33:19 |?[97;42m 200 ?[0m| 9.9734ms | 127.0.0.1
|?[97;44m GET ?[0m /img/saxophone.jpeg
[GIN] 2018/12/29 - 13:33:19 |?[97;42m 200 ?[0m| 18.3846ms | 127.0.0.1
|?[97;44m GET ?[0m /img/blackguitar.jpeg
```

Gin 로거 미들웨어가 출력한 로그 메시지다.

반면에 리커버리 미들웨어는 애플리케이션에서 패닉이 발생하면 500번 HTTP 에러 코드로 응답하는 미들웨어다.

Gin 프레임워크에는 다양한 오픈소스 미들웨어가 있다. 자세한 내용은 다음 링크를 참고하라.

https://github.com/gin-gonic/contrib

다음 절에서는 커스텀 미들웨어를 구현한다.

커스텀 미들웨어

앞서 설명했듯이 Gin 프레임워크를 사용해 커스텀 미들웨어를 직접 구현하고 애플리케이션에 원하는 기능을 추가할 수 있다. Gin 커스텀 미들웨어 구현은 매우 간단하다. 구현 순서는 다음과 같다.

첫 번째 단계로 미들웨어 코드를 작성한다.

웹 API 미들웨어는 HTTP 핸들러를 감싸는 또 다른 HTTP 핸들러다. 미들웨어 구현은 다음과 같다.

```
func MyCustomMiddleware() gin.HandlerFunc {

    return func(c *gin.Context) {
        // 요청을 처리하기 전에 실행할 코드
        // 예제 변수 설정
        c.Set("v", "123")
        // c.Get("v")를 호출하면 변수 값을 확인할 수 있다.

        // 요청 처리 로직 실행
        c.Next()

        // 이 코드는 핸들러 실행이 끝나면 실행된다.

        // 응답 코드 확인
        status := c.Writer.Status()
        // status를 활용하는 코드 추가
```

```
    }
}
```

요청 처리 전후에 특정 문자열을 출력하는 간단한 미들웨어를 구현해보자.

```
func MyCustomLogger() gin.HandlerFunc {

    return func(c *gin.Context) {
        fmt.Println("*********************************")
        c.Next()
        fmt.Println("*********************************")
    }
}
```

두 번째 단계로 Gin 엔진에 미들웨어를 추가한다. 다음 두 가지 방식으로 추가할
수 있다.

- Gin의 기본 미들웨어는 유지하고 MyCustomLogger()라는 새로운 커스텀 미들웨어를 추가한다.

```
func RunAPIWithHandler(address string, h HandlerInterface) error {
    // gin 기본 엔진
    r := gin.Default()
    r.Use(MyCustomLogger())

    /*
        나머지 코드
    */
}
```

- 기본 미들웨어는 사용하지 않고 새로운 커스텀 미들웨어를 추가한다.

264

```
r := gin.New()
r.Use(MyCustomLogger())
```

2개 이상의 미들웨어가 필요하다면 다음과 같이 Use() 메서드의 인수로 전달한다.

```
r := gin.New()
r.Use(MyCustomLogger1(),MyCustomLogger2(),MyCustomLogger3())
```

다음 절에서는 웹 애플리케이션 보안을 알아본다.

▮ 보안

상용 웹 애플리케이션의 보안은 매우 중요한 주제다. 이 방대한 주제를 설명하려면 수십 페이지나 책 한 권 분량으로도 부족하다. 따라서 실용적인 주제를 설명하는 이 책의 목적에 맞게 안전한 웹 애플리케이션을 개발하는 데 반드시 필요한 내용만 설명한다.

안전한 웹 애플리케이션은 웹 클라이언트(브라우저)와 웹 서버의 통신 데이터를 암호화한다. 즉, 프론트엔드와 백엔드가 주고받는 데이터를 암호화한다.

앞서 설명했듯이 웹 클라이언트와 웹 서버는 HTTP 프로토콜을 통해 통신한다. TLS^{Transport Layer Security} 레이어를 사용하면 HTTP를 더 안전하게 만들 수 있다. HTTP 와 TLS의 조합을 HTTPS라고 부른다.

 HTTP 보안에 사용하는 SSL이라는 또 하나의 프로토콜이 있지만 TLS가 최신 기술이며 보안 성이 더 높다.

코드를 작성하기 전에 HTTPS의 개념과 원리부터 알아보자.

인증서와 개인 키

HTTPS의 원리는 다음과 같다.

1. 웹 클라이언트와 웹 서버가 서로 신뢰할 수 있는지 확인한다. 신뢰는 핸드셰이크handshake, 인증서, 개인 키를 바탕으로 한다. 이 부분은 뒤에서 자세히 설명한다.
2. 웹 클라이언트와 웹 서버는 암호화 키 사용을 동의한다.
3. 합의한 키를 사용해 클라이언트와 서버는 통신 내용을 암호화한다.

클라이언트와 서버의 신뢰성 확인

위 1단계의 인증서와 개인 키는 완전히 다른 개념을 갖고 있다. 개념을 이해하려면 공개 키 암호화public key encryption나 비대칭 암호화asymmetric cryptography를 이해할 필요가 있다.

공개 키public key는 데이터를 암호화할 때 사용되며 공유해도 된다. 하지만 공개 키를 사용해 암호화된 데이터를 복호화할 수 없다. 복호화에는 또 다른 키가 필요하다. 이 키를 비공개 키private key라고 부르며 절대 공유해서는 안 된다. 공개 키는 아무나 사용할 수 있다. 하지만 공개 키에 대응하는 비공개 키를 가진 주체만이 데이터를 사람이 읽을 수 있는 형태로 복호화할 수 있다. 공개 키와 비공개 키는 복잡한 연산 알고리즘을 통해 생성한다. 이와 같이 두 개의 다른 키를 쓰는 방식을 비대칭 암호화라고 한다.

'인증서와 개인 키' 절의 1단계에서 웹 클라이언트와 웹 서버는 비대칭 암호화 통신으로 공유 암호화 키(공유 비밀 키 또는 세션 키)를 공유하고 이를 사용해 대칭 암호화 통신(2, 3단계)을 시작한다. 클라이언트와 서버 간의 핸드셰이크는 클라이언트가 서버와 보안 통신 세션을 시작한다는 것을 의미한다. 일반적으로 이 과정은 암호화의 복잡한 수학 수식에 대한 동의를 수반한다. 서버는 디지털 인증서^{digital certificate}로 응답한다.

 디지털 인증서(또는 공개 키 인증서)는 공개 키의 소유권을 증명하는 전자 문서다.

디지털 인증서는 신뢰할 수 있는 제3자가 서명 발행한 전자 문서다. 이 문서에는 공개 암호 키와 키를 소유하는 서버 이름, 인증서의 내용과 공개 키의 소유권을 보증하는 제3자(인증서 발급자라고도 함)의 이름을 포함한다.

신뢰할 수 있는 제3자는 **인증기관**^{CA, Certificate Authority}이라고 부른다. 기업이나 단체를 인증하고 인증서를 발급하는 여러 CA가 있다. 대부분의 CA는 서비스를 유료로 제공하지만 Let's Encrypt(https://letsencrypt.org/)처럼 무료로 제공하는 단체도 있다. 큰 단체나 공공기관은 직접 인증서를 발급한다. 이 과정을 자체 서명이라고 하며, 이런 인증서를 **자체 서명 인증서**^{self-signed certificate}라고 부른다. 만료일이 있는 인증서도 있다. 만료일 전에 갱신해야 하며, 인증서의 소유자가 변경되는 경우에 대한 추가적인 보안 차원이다.

웹 클라이언트는 일반적으로 자신이 알고 있는 CA 목록을 갖고 있다. 웹 클라이언트가 웹 서버와 연결을 시도하면 웹 서버는 디지털 인증서로 응답한다. 클라이언트는 이 인증서에 명시된 발급 기관이 자신의 목록에 있는지 확인하고, 알고 있고 신뢰할 수 있는 발급 기관이라면 인증서에 있는 공개 키를 사용해 통신한다. 이 공개 키를 사용해 클라이언트와 서버가 대칭 암호화 통신에 사용하는 공유 암호화 키(공유 비밀 키 또는 세션 키)를 공유한다.

세션 키를 생성하는 다양한 알고리즘이 있지만 이 책에서 설명할 주제는 아니다.

세션 키를 공유하면 웹 클라이언트와 웹 서버 사이의 핸드셰이크가 끝나고 이 키를 사용해 안전하게 통신할 수 있다고 이해하면 된다.

웹 서버가 HTTPS를 지원하려면 '인증서와 개인 키' 절의 1단계에서 핸드셰이크를 시작하는 인증서와 비공개 키가 필요하다.

암호화 키 사용과 동의

암호화 키는 복잡한 수학 수식을 기반으로 데이터를 암호화하는 코드다. 데이터 암호화란 사람이 읽을 수 있는 데이터를 읽을 수 없는 형태로 변환하고 데이터를 보호하는 기술이다. 이 데이터를 다시 사람이 읽을 수 있는 형태로 변환하려면 또 다른 키가 필요하다.

2단계와 3단계에서 사용하는 암호화 키를 **대칭 암호**symmetric cipher라고 부른다. 클라이 언트와 서버가 같은 키를 사용해 암호화와 복호화를 한다는 뜻이다. 이 방식을 **대칭 암호화**symmetrical cryptography라고 한다.

개발 단계에서 이 키는 볼 수 없는 키다.

다음 절에서는 Gin 프레임워크에서 HTTPS를 지원하는 방법을 살펴본다.

Gin 프레임워크와 HTTPS

HTTPS의 원리를 이해했으니 이제 코드에서 사용해보자. 방법은 아주 간단하다. 앞에서 다음과 같이 Gin 프레임워크를 사용해 HTTP 웹 서버를 구현했다.

```
// gin 기본 엔진
r := gin.Default()
/* 나머지 코드 */
// HTTP 요청을 기다린다.
```

```
r.Run(address)
```

HTTP 대신 HTTPS를 지원하려면 한 부분만 수정하면 된다. Run() 대신 RunTLS() 메서드를 사용한다. 이 메서드의 매개변수는 다음과 같다.

- 백엔드 웹 서비스의 HTTPS 주소
- 인증서 파일
- 비공개 키 파일

코드를 다음과 같이 수정한다.

```
r.RunTLS(address, "cert.pem", "key.pem")
```

인증서 파일과 비공개 키는 어떻게 생성할까? 학습용이나 간단한 주말 프로젝트라면 CA에서 제대로 된 인증서를 발급받을 필요가 없다.

자체 서명 인증서를 발급해보자. 자체 서명 인증서를 사용하면 인지도 높은 CA가 발급한 인증서가 아니기 때문에 웹 브라우저가 신뢰하지 않는다. 테스트를 하려면 브라우저가 임시로 신뢰하도록 설정하거나 경고를 무시해야 한다.

자체 서명 인증서를 만들어보자.

여러 가지 방법이 있다. 일반적으로 OpenSSL(https://www.openssl.org/) 툴을 사용해 테스트용 자체 서명 인증서를 발급한다. 하지만 Go 언어의 기본 라이브러리가 제공하는 기능을 활용해보자.

프로젝트 폴더에서 다음 명령어를 실행한다.

```
go run %GOROOT%/src/crypto/tls/generate_cert.go --host=127.0.0.1
```

이 명령어는 tls 패키지 폴더에 있는 Go 언어가 제공하는 툴을 실행한다. 이 툴은 인증서를 발급할 때 사용한다. %GOROOT%는 Go 언어의 기본 환경 변수다. 리눅스 환경이라면 $GOROOT를 사용해야 한다.

127.0.0.1 호스트(루프백 로컬 호스트)의 인증서가 생성된다. 이 툴에는 아래와 같은 다양한 플래그와 옵션이 있다.

```
-ca
    자체 서명 인증서 여부
-duration duration
    인증서 유효기간(기본값 8760h0m0s)
-ecdsa-curve string
    ECDSA 키 생성 알고리즘. 유효한 값은 P224, P256(권장), P384, P521
-host string
    인증서를 생성할 호스트 이름과 IP(콤마로 구분)
-rsa-bits int
    RSA 키 크기. --ecdsa-curve 옵션과 같이 사용할 수 없음(기본값 2048)
-start-date string
    생성일자(Jan 1 15:04:05 2011으로 포맷)
```

앞의 명령어를 실행하면 인증서와 비공개 키 파일이 실행한 폴더에 생성된다. 원하는 위치로 파일을 복사하고 코드에서 사용하면 된다.

테스트하는 동안 리액트 애플리케이션이 HTTPS를 지원하게 하려면 애플리케이션을 시작할 때 다음 명령어를 실행한다.

```
set HTTPS=true&&npm start
```

다음 절에서는 패스워드 해싱을 설명한다.

패스워드 해싱

패스워드 해싱^{password hashing}은 사용자 계정의 패스워드를 보호하는 매우 중요한 보안 기술이다. GoMusic 애플리케이션을 예로 들어보자. customers 테이블에는 사용자 이름과 패스워드가 저장돼 있다. 패스워드는 일반 텍스트 형식으로 저장해도 될까? 아니다. 절대 해서는 안 되는 행동이다.

어떤 형식으로 저장하면 패스워드를 보호하고 동시에 로그인 시에 검증까지 할 수 있을까? 정답은 바로 패스워드 해싱이다. 패스워드 해싱은 두 가지 간단한 단계로 구성된다.

1. 사용자의 패스워드를 해싱하고 이 해시를 저장한다. 해싱은 단방향 암호화 기법이다. 패스워드를 암호화할 수 있지만 절대 복호화할 수 없다. 복잡한 수학적 연산을 기반으로 해시를 생성한다.
2. 사용자가 입력한 패스워드를 검증한다. 로그인 요청에 포함된 패스워드를 해싱하고 이 값을 저장된 패스워드 해시 값과 비교한다.

패스워드 해싱은 데이터베이스가 해킹 당하더라도 악의적인 해커는 원래 값을 알 수 없기 때문에 패스워드를 안전하게 보호한다.

그렇다면 웹 클라이언트에서 웹 서버로 전송되는 패스워드는 어떻게 보호할 수 있을까? HTTPS를 사용하면 된다. 클라이언트가 입력한 패스워드는 완전히 암호화된 형태로 웹 서버로 전송된다.

이제 패스워드 해싱을 구현해보자. 데이터베이스 레이어에 다음 로직을 추가한다.

- 패스워드를 데이터베이스에 저장하기 전에 해싱한다.
- 사용자가 로그인하면 전달받은 패스워드 해시를 데이터베이스에 있는 값과 비교한다.

다음 절에서는 패스워드 해싱과 패스워드를 비교하는 로직을 직접 구현한다.

패스워드 해싱 구현

데이터베이스 레이어에 패스워드 검증 실패를 의미하는 새로운 에러를 정의하자. dblayer.go 파일에 다음 코드를 추가한다.

```
var ErrINVALIDPASSWORD = errors.New("Invalid password")
```

orm.go 파일에는 다음 함수를 추가한다.

```
func hashPassword(s *string) error {
    if s == nil {
        return errors.New("Reference provided for hashing password is nil")
    }
    // bcrypt 패키지에서 사용할 수 있게 패스워드 문자열을 바이트 슬라이스로 변환한다.
    sBytes := []byte(*s)
    // GenerateFromPassword() 메서드는 패스워드 해시를 반환한다.
    hashedBytes, err := bcrypt.GenerateFromPassword(sBytes, bcrypt.DefaultCost)
    if err != nil {
        return err
    }
    // 패스워드 문자열을 해시 값으로 바꾼다.
    *s = string(hashedBytes[:])
    return nil
}
```

위 함수는 bcrypt 패키지를 사용한다. 이 패키지는 패스워드 해싱에 주로 사용된다. bcrypt는 1990년대에 설계된 유명한 해싱 기법이다. OpenBSD 운영체제의 기본 패스워드 해싱 기법이며, 많은 프로그래밍 언어에서 지원한다.

bcrypt 패키지는 패스워드 해시와 일반 문자열을 비교하는 메서드도 제공한다.

다음 명령어를 실행하면 패키지가 설치된다.

```
go get golang.org/x/crypto/bcrypt
```

앞에서 작성한 AddUser() 메서드는 패스워드를 해싱하고 데이터베이스에 저장하는
hashPassword() 메서드를 호출한다.

다음과 같이 AddUser() 메서드를 수정한다.

```
func (db *DBORM) AddUser(customer models.Customer) (models.Customer, error) {
    // 패스워드를 해시 값으로 저장하고자 레퍼런스를 넘긴다.
    hashPassword(&customer.Pass)
    customer.LoggedIn = true
    err := db.Create(&customer).Error
    customer.Pass = ""
    return customer, err
}
```

이것으로 패스워드 해싱의 구현이 완료됐다. customer 객체를 반환하기 전에 보안
을 위해서 패스워드 문자열을 지우는 것을 잊지 말자.

패스워드 비교

패스워드 해시와 로그인하는 사용자가 입력한 패스워드를 비교하는 코드를 작성해
보자.

bcrypt 패키지의 메서드를 호출하고 저장된 해시와 패스워드를 비교한다.

```
func checkPassword(existingHash, incomingPass string) bool {
    // 해시와 패스워드 문자열이 일치하지 않으면
    // 아래 메서드는 에러를 반환한다.
```

```
   return bcrypt.CompareHashAndPassword([]byte(existingHash),
[]byte(incomingPass)) == nil
}
```

로그인을 요청한 사용자의 저장된 패스워드 해시를 가져오는 코드를 SignInUser 메서드에 추가하자. 해시와 요청 값이 일치하지 않으면 에러를 반환한다. 일치한다면 사용자의 loggedin 필드를 true로 설정하고 로그인시킨다.

```
func (db *DBORM) SignInUser(email, pass string) (customer models.Customer, err error) {
    // 사용자 행을 나타내는 *gorm.DB 타입 할당
    result := db.Table("Customers").Where(&models.Customer{Email: email})
    // 입력된 이메일로 사용자 정보 조회
    err = result.First(&customer).Error
    if err != nil {
        return customer, err
    }
    // 패스워드 문자열과 해시 값 비교
    if !checkPassword(customer.Pass, pass) {
        // 불일치 시 에러 반환
        return customer, ErrINVALIDPASSWORD
    }
    // 공유되지 않도록 패스워드 문자열은 지운다.
    customer.Pass = ""
    // loggedin 필드 업데이트
    err = result.Update("loggedin", 1).Error
    if err != nil {
        return customer, err
    }
    // 사용자 행 반환
    return customer, result.Find(&customer).Error
}
```

마지막으로 로그인 실패를 처리하는 간단한 코드를 HTTP 웹 핸들러에 추가한다.

274

handlers.go 파일을 열고 다음과 같이 **SignIn** 메서드를 수정한다. 추가된 부분은 굵은 글씨로 표시했다.

```go
func (h *Handler) SignIn(c *gin.Context) {
    if h.db == nil {
        return
    }
    var customer models.Customer
    err := c.ShouldBindJSON(&customer)
    if err != nil {
        c.JSON(http.StatusBadRequest, gin.H{"error": err.Error()})
        return
    }
    customer, err = h.db.SignInUser(customer.Email, customer.Pass)
    if err != nil {
        // 잘못된 패스워드인 경우 forbidden http 에러 반환
        if err == dblayer.ErrINVALIDPASSWORD {
            c.JSON(http.StatusForbidden, gin.H{"error": err.Error()})
            return
        }
        c.JSON(http.StatusInternalServerError, gin.H{"error": err.Error()})
        return
    }
    c.JSON(http.StatusOK, customer)
}
```

다음 절에서는 신용카드 결제를 처리하는 방법을 살펴본다.

▌ 신용카드 결제

5장에서 이미 신용카드 결제 요청 로직을 프론트엔드에 구현했다. 이제 백엔드 로직을 구현한다.

프론트엔드는 스트라이프 API(https://stripe.com/docs/api)를 통해 신용카드 결제를 백엔드에 요청한다. 프로덕션 환경이라면 스트라이프 계정을 만들고 API 키를 발급받아야 하지만 테스트 환경에서는 신용카드 결제 서비스가 필요한 애플리케이션 개발 용도로 제공하는 테스트용 스트라이프 API 키와 신용카드 번호를 사용해도 된다. 이 신용카드 번호와 토큰의 자세한 내용은 다음 링크에서 확인할 수 있다.

https://stripe.com/docs/testing

프론트엔드는 다음과 같이 스트라이프 API를 통해 토큰을 생성한다.

```
let { token } = await this.props.stripe.createToken({ name: this.state.name });
```

신용카드 정보를 입력받고 해당 정보를 나타내는 토큰을 요청하는 스트라이프 엘리먼트도 사용했다.

이 토큰을 백엔드로 보내 요청을 처리하고 관련 정보를 저장한다.

신용카드 결제를 처리하는 데 필요한 몇 가지 중요한 정보가 있다.

- 스트라이프 API가 제공하는 신용카드 토큰
- 주문자의 사용자 ID
- 주문하는 상품의 ID
- 상품 판매 가격
- 카드를 나중에 다시 사용할 수 있도록 해당 정보 저장 여부
- 미리 저장된 카드 사용 여부

위와 같은 정보를 수집하고 백엔드로 HTTP 요청에 첨부하는 코드를 프론트엔드의 creditcards.js 파일에 다음과 같이 추가한다.

```
async handleSubmit(event) {
    event.preventDefault();
    let id = "";
    // 저장된 카드 사용이 아니라면 스트라이프에 토큰을 요청한다.
    if (!this.state.useExisting) {
        // 스트라이프 API를 사용해 토큰을 생성한다.
        let { token } = await this.props.stripe.createToken({ name: this.state.name });
        if (token == null) {
            console.log("invalid token");
            this.setState({ status: FAILEDSTATE });
            return;
        }
        id = token.id;
    }
    // 요청을 생성하고 백엔드로 보낸다.
    let response = await fetch("/users/charge", {
        method: "POST",
        headers: { "Content-Type": "application/json" },
        body: JSON.stringify({
            token: id,
            customer_id: this.props.user,
            product_id: this.props.productid,
            sell_price: this.props.price,
            rememberCard: this.state.remember !== undefined,
            useExisting: this.state.useExisting
        })
    });
    // 응답이 ok면 작업 성공
    if (response.ok) {
        console.log("Purchase Complete!");
        this.setState({ status: SUCCESSSTATE });
    } else {
        this.setState({ status: FAILEDSTATE });
    }
}
```

fetch() 메서드는 백엔드로 POST 요청을 보낸다. 이 POST 요청에 백엔드가 요청을 처리하는 데 필요한 모든 정보를 JSON 형식으로 첨부한다.

다음 절에서는 백엔드가 어떻게 신용카드 결제 요청을 처리하는지 살펴본다.

백엔드에서 신용카드 결제 요청 처리

벡엔드는 스트라이프 API를 사용해 다음 순서로 신용카드 결제 요청을 처리한다.

1. 프론트엔드가 보낸 토큰을 처리하는 *stripe.CustomerParams 타입 인스턴스를 생성한다. SetToken() 메서드를 사용해 토큰을 설정한다.
2. stripe.CustomerParams 타입을 전달받는 *stripe.Customer 타입 인스턴스를 생성한다. customer.New() 함수를 사용한다.
3. 수량, 통화 등의 결제 관련 정보를 저장하는 *stripe.ChargeParams 타입 인스턴스를 생성한다.
4. *stripe.ChargeParams 타입은 스트라이프 사용자 ID 없이 생성할 수 없다. 이 값은 2단계의 *stripe.Customer 인스턴스에 저장돼 있다.

 스트라이프 사용자 ID는 데이터베이스에서 사용자를 참조하는 실제 사용자 ID와 다르다.

5. 해당 신용카드 정보를 다음에 다시 사용하고 싶다면 스트라이프 사용자 ID를 저장한다.
6. 마지막으로 *stripe.ChargeParams 타입 매개변수를 받는 charge.New() 메서드를 호출하고 결제를 요청한다.

스트라이프 사용자 ID와 애플리케이션의 데이터베이스에 저장된 사용자 ID는 같지 않다는 점을 기억하자.

위 과정은 복잡해 보이지만 걱정하지 않아도 된다. 코드를 작성하다 보면 자연스럽게 이해할 것이다.

대부분의 코드는 handler.go 파일의 **charge** 핸들러 메서드 안에 작성한다. 이 메서드의 현재 구현은 다음과 같다.

```go
func (h *Handler) Charge(c *gin.Context) {
    if h.db == nil {
        c.JSON(http.StatusInternalServerError, gin.H{"error": "server database error"})
        return
    }
}
```

이 메서드는 로직이 없다. 메서드에 구현해야 하는 기능은 다음과 같다.

1. HTTP 요청에서 결제 정보를 얻는다.
2. 저장된 신용카드를 사용할 때 해당 스트라이프 사용자 ID를 찾아 결제를 요청한다.
3. 새로운 신용카드 정보는 결제 요청 전에 데이터베이스에 저장한다.

우선 프론트엔드에서 전달받은 데이터를 나타내는 구조체를 다음과 같이 정의한다.

```go
request := struct {
    models.Order
    Remember bool `json:"rememberCard"`
    UseExisting bool `json:"useExisting"`
    Token string `json:"token"`
}{}
```

위 코드는 Go 구조체를 정의하는 동시에 초기화한다. Go 언어에서 빠르게 구조체를 사용할 수 있는 유용한 문법이다.

다음과 같이 JSON 형식의 요청 데이터를 request 구조체로 변환한다.

```
err := c.ShouldBindJSON(&request)
// 파싱 중 에러 발생 시 보고 후 반환
if err != nil {
    c.JSON(http.StatusBadRequest, request)
    return
}
```

이제 스트라이프 코드를 작성해보자. 첫 단계로 스트라이프 API 키를 설정한다. 개발 단계에서는 테스트 키를 사용하지만 프로덕션 환경에서는 스트라이프 키를 발급받고 유실하지 않도록 조심해야 한다.

```
stripe.Key = "sk_test_4eC39HqLyjWDarjtT1zdp7dc"
```

다음은 결제 요청 처리 2단계의 *stripe.ChargeParams 타입 인스턴스를 생성한다.

```
chargeP := &stripe.ChargeParams{
    // 요청에 명시된 판매 가격
    Amount: stripe.Int64(int64(request.Price)),
    // 결제 통화
    Currency: stripe.String("usd"),
    // 설명
    Description: stripe.String("GoMusic charge..."),
}
```

스트라이프 사용자 ID를 초기화한다. 4단계에서 필요한 매우 중요한 값이다.

```
stripeCustomerID:=""
```

이미 저장해둔 신용카드로 결제하는 경우라면 데이터베이스에서 스트라이프 사용자 ID를 조회한다. 아래와 같이 스트라이프 사용자 ID를 데이터베이스에서 가져오는 새로운 메서드를 호출한다. 이 메서드는 뒤에서 구현한다.

```
if request.UseExisting {
    // 저장된 카드 사용
    log.Println("Getting credit card id...")
    // 스트라이프 사용자 ID를 데이터베이스에서 조회하는 메서드
    stripeCustomerID, err = h.db.GetCreditCardCID(request.CustomerID)
    if err != nil {
        log.Println(err)
        c.JSON(http.StatusInternalServerError, gin.H{"error": err.Error()})
        return
    }
}
```

새로운 신용카드로 결제하는 경우 *stripe.CustomerParams 타입 인스턴스를 생성하고 이를 사용해 *stripe.Customer 타입 인스턴스를 생성한다. 스트라이프 사용자 ID가 저장돼 있다.

```
...else {
    cp := &stripe.CustomerParams{}
    cp.SetSource(request.Token)
    customer, err := customer.New(cp)
    if err != nil {
        c.JSON(http.StatusInternalServerError, gin.H{"error":
            err.Error()})
        return
    }
    stripeCustomerID = customer.ID
```

카드 정보의 저장을 요청했다면 데이터베이스에 스트라이프 사용자 ID를 저장한다.

```
if request.Remember {
    // 스트라이프 사용자 id를 저장하고 데이터베이스에 저장된 사용자 ID와 연결한다.
    err = h.db.SaveCreditCardForCustomer(request.CustomerID, stripeCustomerID)
    if err != nil {
        c.JSON(http.StatusInternalServerError, gin.H{"error": err.Error()})
        return
    }
}
```

다음은 결제를 요청한다.

```
/* 동일 상품 주문 여부 확인 없이 새로운 주문으로 가정 */
// *stripe.ChargeParams 타입 인스턴스에 스트라이프 사용자 ID를 설정한다.
chargeP.Customer = stripe.String(stripeCustomerID)
// 신용카드 결제 요청
_, err = charge.New(chargeP)
if err != nil {
    c.JSON(http.StatusInternalServerError, gin.H{"error": err.Error()})
    return
}
```

마지막으로 주문 내용을 데이터베이스에 저장한다.

```
err = h.db.AddOrder(request.Order)
if err != nil {
    c.JSON(http.StatusInternalServerError, gin.H{"error": err.Error()})
}
```

charge() 메서드의 구현이 완료됐다.

하지만 아직 구현하지 않은 메서드가 남아있다. 방금 추가한 charge() 핸들러는
미완성된 데이터베이스 메서드를 호출한다.

- **GetCreditCardCID():** 스트라이프 사용자 ID 조회
- **SaveCreditCardForCustomer():** 스트라이프 사용자 ID 저장
- **AddOrder():** 주문 저장

위 메서드를 dblayer.go 파일의 데이터베이스 레이어 인터페이스에 다음과 같이 추가한다.

```go
type DBLayer interface {
    GetAllProducts() ([]models.Product, error)
    GetPromos() ([]models.Product, error)
    GetCustomerByName(string, string) (models.Customer, error)
    GetCustomerByID(int) (models.Customer, error)
    GetProduct(int) (models.Product, error)
    AddUser(models.Customer) (models.Customer, error)
    SignInUser(username, password string) (models.Customer, error)
    SignOutUserById(int) error
    GetCustomerOrdersByID(int) ([]models.Order, error)
    AddOrder(models.Order) error
    GetCreditCardCID(int) (string, error)
    SaveCreditCardForCustomer(int, string) error
}
```

orm.go 파일에 각 메서드를 구현한다.

```go
// orders 테이블에 결제 내역 추가
func (db *DBORM) AddOrder(order models.Order) error {
    return db.Create(&order).Error
}
// 신용카드 ID 조회
func (db *DBORM) GetCreditCardCID(id int) (string, error) {
    cusomterWithCCID := struct {
        models.Customer
```

```
    CCID string `gorm:"column:cc_customerid"`
  }{}
  return cusomterWithCCID.CCID, db.First(&cusomterWithCCID, id).Error
}

// 신용카드 정보 저장
func (db *DBORM) SaveCreditCardForCustomer(id int, ccid string) error {
  result := db.Table("customers").Where("id=?", id)
  return result.Update("cc_customerid", ccid).Error
}
```

handler.go 파일을 열고 handler 생성자에 데이터베이스 연결 코드를 추가한다.

```
func NewHandler(db,constring string) (HandlerInterface, error) {
  db, err := dblayer.NewORM(db, constring)
  if err != nil {
    return nil, err
  }
  return &Handler{
    db: db,
  }, nil
}
```

이것으로 GoMusic 백엔드 구현을 99% 완성했다. 다음 절에서는 프론트엔드 구현을 마무리한다.

▌ 프론트엔드 마무리

4장과 5장에서 백엔드 애플리케이션과 통신하는 리액트 프론트엔드 애플리케이션을 개발하는 데 필요한 기본 개념과 실용적인 예제를 살펴봤다. 5장 이후로 프론트엔드 코드는 손대지 않았다.

4장과 5장은 GoMusic 프론트엔드의 85% 정도를 커버한다. 이제 리액트 컴포넌트를 연결하는 자바스크립트 코드를 작성해보자. 프론트엔드의 전체적인 구조를 다시 살펴보고 완성하지 못한 부분을 마무리한다.

프론트엔드의 애플리케이션 구조부터 다시 살펴보자.

프론트엔드 구조

GoMusic 프로젝트의 프론트엔드는 다음과 같은 파일로 나뉘져 있다.

- **index.js**: 리액트 애플리케이션의 진입점으로, **App** 컴포넌트를 호출한다.
- **App.js**: 리액트 애플리케이션의 메인 컴포넌트로, 다른 모든 컴포넌트를 결합한다. 이 파일의 **App** 컴포넌트는 사용자 로그인과 로그아웃 등의 중요한 작업을 처리한다.
- **Modalwindows.js**: 로그인과 신규 사용자 가입, 상품 구매 모달 윈도와 같은 애플리케이션의 모든 모달 윈도를 처리한다.
- **Navigation.js**: 페이지 간의 이동에 필요한 탐색 메뉴를 담당한다.
- **creditcards.js**: 프론트엔드의 신용카드 결제 로직을 처리한다.
- **productcards.js**: 상품 카드 목록을 출력한다. 일반 상품과 프로모션을 모두 출력한다.
- **orders.js**: 로그인한 사용자의 주문 내역을 출력한다.
- **About.js**: About 페이지를 출력한다.

다음 절에서 프론트엔드와 백엔드를 연결해보자.

프론트엔드와 백엔드 연결

4장에서 구현한 프론트엔드는 데이터를 백엔드에 요청하지 않고 로컬에 저장된 JSON 파일에서 읽는다. JSON 샘플 데이터 파일을 참조하는 코드를 모두 백엔드로 HTTP 요청을 보내는 방식으로 수정하자.

백엔드에 요청을 보내려면 우선 package.json 파일에 **proxy** 필드를 추가해야 한다. **proxy** 필드의 값을 백엔드 API 서버의 주소로 설정한다. GoMusic의 백엔드 서버는 **8000**번 로컬 포트를 사용한다.

```
"proxy": "http://127.0.0.1:8000/",
```

package.json 파일은 리액트 앱의 메인 폴더에 있다. **node** 패키지 매니저는 이 파일에서 애플리케이션의 전역 설정과 스크립트 명령어, 종속 패키지에 대한 정보를 읽는다.

프론트엔드는 **fetch()** 메서드를 호출하고 백엔드로 요청을 보낸다. 이 메서드는 특정 URL로 HTTP 요청을 보낸다. 사용자의 결제 내역은 다음과 같이 요청한다.

```
fetch(this.props.location)  // /products 경로로 http 요청을 보낸다.
    .then(res => res.json())
    .then((result) => {
  this.setState({
    orders: result
  });
});
```

다음 절에서는 애플리케이션에서 쿠키^{cookie}를 사용하는 방법을 알아본다.

쿠키 사용

사용자 정보와 로그인 상태 등의 정보를 파일에서 읽지 않고 브라우저 쿠키에서 읽도록 프론트엔드 코드를 수정하자. 브라우저 쿠키란 사용자의 웹 브라우저에 저장된 정보이며, 필요할 때 언제든지 읽을 수 있다.

프론트엔드는 js-cookie 자바스크립트 패키지를 사용해 쿠키에 사용자 정보를 저장하고 페이지와 리액트 컴포넌트에서 이 정보를 읽는다. 다음 명령어를 실행하면 패키지가 설치된다.

```
npm install js-cookie --save
```

다음과 같이 쿠키에 값을 저장한다.

```
cookie.set("user", userdata);
```

다음과 같이 쿠키에 저장된 값을 읽는다.

```
const user = cookie.getJSON("user");
```

사용자의 로그인 상태를 쿠키에서 확인할 수 있다. 5장에서 사용자가 로그아웃하면 로그인 상태를 나타내는 필드를 변경하는 로직을 리액트 애플리케이션에 구현했다. 사용자가 로그아웃하면 다음과 같이 쿠키에 해당 정보를 반영해 로그인한 사용자가 없음을 나타낸다.

```
cookie.set("user",{loggedin:false});
```

리액트 애플리케이션에서 쿠키 사용과 사용자 로그아웃 처리는 다음 링크의 App 컴포넌트 구현을 참고하라.

https://github.com/PacktPublishing/Hands-On-Full-Stack-Development-with-Go/blob/master/Chapter07/Frontend/src/App.js

다음 절에서는 프론트엔드 애플리케이션을 프로덕션 환경에 배포하는 방법을 소개한다.

프론트엔드 애플리케이션 배포

개발 환경에서 사용하는 모든 Node.js 툴과 의존성 모듈을 다시 설치하지 않고 프로덕션 서버 환경으로 프론트엔드 코드를 배포하는 방법을 알아보자.

리액트 프레임워크는 유용한 배포 기능을 제공한다. 4장과 5장에서 create-react-app 툴을 사용해 리액트 애플리케이션을 생성하고 툴체인을 설치했다. 이 툴은 리액트 애플리케이션을 빌드하고 실행하는 몇 개의 스크립트를 제공한다. npm start 명령어를 실행하면 리액트 앱을 개발 모드로 실행하고 코드를 실시간으로 디버깅할 수 있다.

build 스크립트는 리액트 앱을 프로덕션 환경에 배포하는 매우 유용한 스크립트다. 메인 폴더에서 npm run build 명령어를 실행하면 이 스크립트가 실행된다. 이 명령어는 프론트엔드 코드를 몇 개의 정적 파일로 컴파일한다. Go 애플리케이션은 이 파일을 클라이언트에게 전달한다. 컴파일된 파일은 리액트 앱의 루트 폴더 아래 build 폴더에 생성된다.

이 폴더를 리액트 앱 build 폴더라고 부른다. Go 애플리케이션에서 프론트엔드 파일에 접근할 수 있도록 build 폴더를 알맞은 경로에 복사한다.

Go 애플리케이션에서 리액트 앱 build 폴더에 접근하는 코드를 작성하자.

우선 다음 명령어를 실행하면 static Gin 미들웨어가 설치된다.

```
go get github.com/gin-contrib/static
```

HTTP 라우팅을 정의한 backend\src\rest.go 파일을 열고 **static** 미들웨어를 임포트한다.

```
import (
    "fmt"
    "github.com/gin-contrib/static"
    "github.com/gin-gonic/gin"
)
```

HTTP 라우팅을 정의한 **RunAPIWithHandler** 함수의 img 폴더에서 파일을 읽는 부분을 리액트 앱 build 폴더에서 읽도록 수정한다.

```
// 해당 라인 삭제: r.Static("/img", "../public/img")
// 리액트 앱 build 폴더가 '../public' 상대 경로에 존재한다고 가정
r.Use(static.ServeRoot("/", "../public/build"))
```

static.ServeRoot()의 첫 번째 매개변수는 웹 애플리케이션의 HTTP 루트 URL이고, 두 번째 매개변수는 리액트 build 폴더의 경로다.

모든 상품 사진을 저장한 img 폴더는 build 폴더 안으로 옮긴다. 웹 애플리케이션에서 필요한 모든 파일은 build 폴더로 이동한다.

이제 프론트엔드가 완성됐다. **go build** 또는 **go install** 명령어를 실행하면 Go 앱의 실행 파일이 생성된다. 마지막으로 이 실행 파일과 리액트 build 폴더를 배포한다.

▌ 요약

7장에서 다양한 주제를 살펴봤다. 백엔드 서비스의 데이터베이스 레이어를 설계하고 구현했고 웹 API 미들웨어의 개념을 설명했다. 나아가 TLS와 패스워드 해싱 같은 보안 기술도 학습했다. 또한 스트라이프 API를 사용해 백엔드에서 신용카드 결제 요청을 처리했다. Go 기반의 웹 애플리케이션을 개발하는 데 많은 도움이 될 것이다.

8장에서는 애플리케이션의 유닛 테스트를 작성하고 메서드를 테스트한다. 나아가 벤치마크를 통해 애플리케이션의 성능을 측정한다.

▌ 질문거리

1. 미들웨어란 무엇인가?
2. 스트라이프 사용자 ID란 무엇인가?
3. ORM이란 무엇인가?
4. GORM이란 무엇인가?
5. GORM을 사용해 조인 쿼리를 작성하는 방법은?
6. TLS란 무엇인가?
7. 패스워드 해싱이란?
8. bcrypt란 무엇인가?

▎ 더 읽을거리

더 자세한 내용은 다음 링크를 참고하라.

- **스트라이프 API:** https://stripe.com/docs/api
- **GORM:** http://gorm.io/
- **bcrypt 패키지:** https://godoc.org/golang.org/x/crypto/bcrypt
- **전송 계층 보안**(TLS, Transport Layer Security)**:**
  https://www.cloudflare.com/learning/ssl/transport-layer-security-tls/

08

웹 API 테스트와 벤치마킹

상용 애플리케이션의 테스트는 매우 중요하다. 애플리케이션의 기능 테스트와 성능을 측정하는 벤치마킹과 프로파일링은 반드시 필요한 작업이다. 8장에서는 애플리케이션을 제대로 테스트하고 벤치마킹하는 다양한 실용적인 방법을 소개한다.

8장에서 다루는 내용은 다음과 같다.

- Go 목킹mocking 타입
- Go 유닛 테스트
- Go 벤치마킹

8장에서 작성하는 모든 코드는 다음 깃허브 저장소 링크에서 확인할 수 있다.

Go 테스트

모든 소프트웨어에서 테스트 프로세스의 구성 요소에는 유닛 테스트^{unit test}가 있다. 유닛 테스트는 거의 모든 프로그래밍 언어에서 사용되는 방식이며, 유닛 테스트를 효율적으로 할 수 있는 많은 프레임워크와 언어 확장 기능이 있다.

유닛 테스트란 소프트웨어의 유닛이나 컴포넌트 단위로 테스트하는 방식이다. 유닛 이란 테스트할 수 있는 가장 작은 단위다.

Go 언어는 테스트 패키지와 쉽게 유닛 테스트를 실행할 수 있는 명령어를 제공한 다. 테스트 패키지의 설명은 https://golang.org/pkg/testing/에서 확인할 수 있다.

Go 언어에서 유닛 테스트를 작성하는 방법을 알아보자. 코드를 작성하기 전에 우선 목킹^{mocking}이 무엇인지 살펴보자.

목킹

목킹은 소프트웨어 유닛 테스트에서 많이 사용된다. 예제를 보면 이해하기 쉽다. GoMusic 애플리케이션의 HTTP 핸들러 함수를 유닛 테스트한다고 생각해보자. GoMusic에서 판매하는 모든 상품 목록을 가져오는 GetProducts() 메서드를 테스트한다. GetProducts()의 구현은 다음과 같다.

```
func (h *Handler) GetProducts(c *gin.Context) {
    if h.db == nil {
        c.JSON(http.StatusInternalServerError, gin.H{"error": "server database error"})
```

```
        return
    }
    products, err := h.db.GetAllProducts()
    if err != nil {
        c.JSON(http.StatusInternalServerError, gin.H{"error": err.Error()})
        return
    }
    fmt.Printf("Found %d products\n", len(products))
    c.JSON(http.StatusOK, products)
}
```

이 메서드는 데이터베이스에서 조회한 상품 정보를 HTTP 응답에 첨부한다. h.db.GetAllProducts() 메서드를 통해 데이터베이스에서 데이터를 조회한다.

GetProducts() 메서드의 유닛 테스트는 데이터베이스에 연결하지 않고 메서드의 기능을 테스트할 수 있어야 한다. 나아가 몇 가지 에러 시나리오도 필요하다. h.db.GetAllProducts() 메서드에서 에러가 발생하면 GetProducts()는 상황에 맞게 에러를 처리해야 한다.

어떻게 데이터베이스 없이 GetProducts()와 같은 메서드를 테스트할지 궁금할 것이다. 방법은 간단하다. GetProducts() 메서드의 유닛 테스트는 메서드의 기능만을 테스트한다. 데이터베이스와의 연결은 중요하지 않다.

모의^{mock} 객체는 특정 동작을 흉내내거나 가짜로 실행하는 객체다. h.db.GetAllProducts()를 예로 들면 데이터베이스 질의 결과 대신 모의 데이터를 반환하는 모의 객체를 사용해 GetProducts()를 유닛 테스트한다.

앞서 작성했던 코드에서 h.db.GetAllProducts() 메서드 호출 부분을 다시 살펴보자. 이 코드에서 db는 DBLayer 인터페이스다. 이 인터페이스에 데이터베이스 레이어의 모든 메서드를 선언했다.

DBLayer 인터페이스 정의는 다음과 같다.

```go
type DBLayer interface {
    GetAllProducts() ([]models.Product, error)
    GetPromos() ([]models.Product, error)
    GetCustomerByName(string, string) (models.Customer, error)
    GetCustomerByID(int) (models.Customer, error)
    GetProduct(int) (models.Product, error)
    AddUser(models.Customer) (models.Customer, error)
    SignInUser(username, password string) (models.Customer, error)
    SignOutUserById(int) error
    GetCustomerOrdersByID(int) ([]models.Order, error)
    AddOrder(models.Order) error
    GetCreditCardCID(int) (string, error)
    SaveCreditCardForCustomer(int, string) error
}
```

데이터베이스 레이어의 모의 객체는 **DBLayer** 인터페이스를 구현하지만 실제로 데이터베이스에 연결은 하지 않는다.

모의 객체는 테스트에 사용할 모의 데이터를 반환한다. 데이터는 모의 객체 안에 슬라이스나 맵 형태로 저장한다.

모의 객체의 개념을 이해했다면 이제 직접 모의 데이터베이스 레이어를 구현하자.

모의 db 타입 구현

backend/src/dblayer 폴더 안에 mockdblayer.go 파일을 추가하고 **MockDBLayer** 구조체를 다음과 같이 정의한다.

```go
package dblayer

import (
    "encoding/json"
```

```
    "fmt"
    "strings"
    "github.com/PacktPublishing/Hands-On-Full-Stack-Development-with-Go/tree/
master/Chapter08/backend/src/models"
)

type MockDBLayer struct {
    err error
    products []models.Product
    customers []models.Customer
    orders []models.Order
}
```

MockDBLayer 구조체에는 다음과 같은 4개의 필드가 있다.

- **err:** 에러를 발생시키는 시나리오일 때 설정한다. 뒤에서 유닛 테스트를 작성할 때 자세하게 설명한다.
- **products:** 상품 목록을 저장하는 필드다.
- **customers:** 사용자 목록을 저장하는 필드다.
- **orders:** 테스트용 구입 내역을 저장하는 필드다.

모의 객체의 생성자를 다음과 같이 정의한다.

```
func NewMockDBLayer(products []models.Product, customers []models.Customer, orders
[]models.Order) *MockDBLayer {
    return &MockDBLayer{
        products: products,
        customers: customers,
        orders: orders,
    }
}
```

생성자에 products 목록과 customers 목록, orders 목록이라는 총 3개의 매개변수가 있다. 개발자는 원하는 형식의 테스트 데이터를 정의할 수 있다. 모의 데이터가 정의된 MockDBLayer를 다음과 같이 초기화한다.

```go
func NewMockDBLayerWithData() *MockDBLayer {
PRODUCTS := `[
    {
        "ID": 1,
        "CreatedAt": "2018-08-14T07:54:19Z",
        "UpdatedAt": "2019-01-11T00:28:40Z",
        "DeletedAt": null,
        "img": "img/strings.png",
        "small_img": "img/img-small/strings.png",
        "imgalt": "string",
        "price": 100,
        "promotion": 0,
        "productname": "Strings",
        "Description": ""
    },
    {
        "ID": 2,
        "CreatedAt": "2018-08-14T07:54:20Z",
        "UpdatedAt": "2019-01-11T00:29:11Z",
        "DeletedAt": null,
        "img": "img/redguitar.jpeg",
        "small_img": "img/img-small/redguitar.jpeg",
        "imgalt": "redg",
        "price": 299,
        "promotion": 240,
        "productname": "Red Guitar",
        "Description": ""
    },
    {
        "ID": 3,
```

```json
      "CreatedAt": "2018-08-14T07:54:20Z",
      "UpdatedAt": "2019-01-11T22:05:42Z",
      "DeletedAt": null,
      "img": "img/drums.jpg",
      "small_img": "img/img-small/drums.jpg",
      "imgalt": "drums",
      "price": 17000,
      "promotion": 0,
      "productname": "Drums",
      "Description": ""
    },
    {
      "ID": 4,
      "CreatedAt": "2018-08-14T07:54:20Z",
      "UpdatedAt": "2019-01-11T00:29:53Z",
      "DeletedAt": null,
      "img": "img/flute.jpeg",
      "small_img": "img/img-small/flute.jpeg",
      "imgalt": "flute",
      "price": 210,
      "promotion": 190,
      "productname": "Flute",
      "Description": ""
    },
    {
      "ID": 5,
      "CreatedAt": "2018-08-14T07:54:20Z",
      "UpdatedAt": "2019-01-11T00:30:12Z",
      "DeletedAt": null,
      "img": "img/blackguitar.jpeg",
      "small_img": "img/img-small/blackguitar.jpeg",
      "imgalt": "Black guitar",
      "price": 200,
      "promotion": 0,
      "productname": "Black Guitar",
```

```
            "Description": ""
        },
        {
            "ID": 6,
            "CreatedAt": "2018-08-14T07:54:20Z",
            "UpdatedAt": "2019-01-11T00:30:35Z",
            "DeletedAt": null,
            "img": "img/saxophone.jpeg",
            "small_img": "img/img-small/saxophone.jpeg",
            "imgalt": "Saxophone",
            "price": 1000,
            "promotion": 980,
            "productname": "Saxophone",
            "Description": ""
        }
    ]
    `

    ORDERS := `[
        {
            "ID": 1,
            "CreatedAt": "2018-12-29T23:35:36Z",
            "UpdatedAt": "2018-12-29T23:35:36Z",
            "DeletedAt": null,
            "img": "",
            "small_img": "",
            "imgalt": "",
            "price": 0,
            "promotion": 0,
            "productname": "",
            "Description": "",
            "name": "",
            "firstname": "",
            "lastname": "",
            "email": "",
            "password": "",
```

```json
        "loggedin": false,
        "orders": null,
        "customer_id": 1,
        "product_id": 1,
        "sell_price": 90,
        "purchase_date": "2018-12-29T23:34:32Z"
    },
    {
        "ID": 2,
        "CreatedAt": "2018-12-29T23:35:48Z",
        "UpdatedAt": "2018-12-29T23:35:48Z",
        "DeletedAt": null,
        "img": "",
        "small_img": "",
        "imgalt": "",
        "price": 0,
        "promotion": 0,
        "productname": "",
        "Description": "",
        "name": "",
        "firstname": "",
        "lastname": "",
        "email": "",
        "password": "",
        "loggedin": false,
        "orders": null,
        "customer_id": 1,
        "product_id": 2,
        "sell_price": 299,
        "purchase_date": "2018-12-29T23:34:53Z"
    },
    {
        "ID": 3,
        "CreatedAt": "2018-12-29T23:35:57Z",
        "UpdatedAt": "2018-12-29T23:35:57Z",
```

```json
        "DeletedAt": null,
        "img": "",
        "small_img": "",
        "imgalt": "",
        "price": 0,
        "promotion": 0,
        "productname": "",
        "Description": "",
        "name": "",
        "firstname": "",
        "lastname": "",
        "email": "",
        "password": "",
        "loggedin": false,
        "orders": null,
        "customer_id": 1,
        "product_id": 3,
        "sell_price": 16000,
        "purchase_date": "2018-12-29T23:35:05Z"
    },
    {
        "ID": 4,
        "CreatedAt": "2018-12-29T23:36:18Z",
        "UpdatedAt": "2018-12-29T23:36:18Z",
        "DeletedAt": null,
        "img": "",
        "small_img": "",
        "imgalt": "",
        "price": 0,
        "promotion": 0,
        "productname": "",
        "Description": "",
        "name": "",
        "firstname": "",
        "lastname": "",
```

```json
    "email": "",
    "password": "",
    "loggedin": false,
    "orders": null,
    "customer_id": 2,
    "product_id": 1,
    "sell_price": 95,
    "purchase_date": "2018-12-29T23:36:18Z"
},
{
    "ID": 5,
    "CreatedAt": "2018-12-29T23:36:39Z",
    "UpdatedAt": "2018-12-29T23:36:39Z",
    "DeletedAt": null,
    "img": "",
    "small_img": "",
    "imgalt": "",
    "price": 0,
    "promotion": 0,
    "productname": "",
    "Description": "",
    "name": "",
    "firstname": "",
    "lastname": "",
    "email": "",
    "password": "",
    "loggedin": false,
    "orders": null,
    "customer_id": 2,
    "product_id": 2,
    "sell_price": 299,
    "purchase_date": "2018-12-29T23:36:39Z"
},
{
    "ID": 6,
```

```json
    "CreatedAt": "2018-12-29T23:38:13Z",
    "UpdatedAt": "2018-12-29T23:38:13Z",
    "DeletedAt": null,
    "img": "",
    "small_img": "",
    "imgalt": "",
    "price": 0,
    "promotion": 0,
    "productname": "",
    "Description": "",
    "name": "",
    "firstname": "",
    "lastname": "",
    "email": "",
    "password": "",
    "loggedin": false,
    "orders": null,
    "customer_id": 2,
    "product_id": 4,
    "sell_price": 205,
    "purchase_date": "2018-12-29T23:37:01Z"
  },
  {
    "ID": 7,
    "CreatedAt": "2018-12-29T23:38:19Z",
    "UpdatedAt": "2018-12-29T23:38:19Z",
    "DeletedAt": null,
    "img": "",
    "small_img": "",
    "imgalt": "",
    "price": 0,
    "promotion": 0,
    "productname": "",
    "Description": "",
    "name": "",
```

```
      "firstname": "",
      "lastname": "",
      "email": "",
      "password": "",
      "loggedin": false,
      "orders": null,
      "customer_id": 3,
      "product_id": 4,
      "sell_price": 210,
      "purchase_date": "2018-12-29T23:37:28Z"
  },
  {
      "ID": 8,
      "CreatedAt": "2018-12-29T23:38:28Z",
      "UpdatedAt": "2018-12-29T23:38:28Z",
      "DeletedAt": null,
      "img": "",
      "small_img": "",
      "imgalt": "",
      "price": 0,
      "promotion": 0,
      "productname": "",
      "Description": "",
      "name": "",
      "firstname": "",
      "lastname": "",
      "email": "",
      "password": "",
      "loggedin": false,
      "orders": null,
      "customer_id": 3,
      "product_id": 5,
      "sell_price": 200,
      "purchase_date": "2018-12-29T23:37:41Z"
  },
```

```json
    {
        "ID": 9,
        "CreatedAt": "2018-12-29T23:38:32Z",
        "UpdatedAt": "2018-12-29T23:38:32Z",
        "DeletedAt": null,
        "img": "",
        "small_img": "",
        "imgalt": "",
        "price": 0,
        "promotion": 0,
        "productname": "",
        "Description": "",
        "name": "",
        "firstname": "",
        "lastname": "",
        "email": "",
        "password": "",
        "loggedin": false,
        "orders": null,
        "customer_id": 3,
        "product_id": 6,
        "sell_price": 1000,
        "purchase_date": "2018-12-29T23:37:54Z"
    },
    {
        "ID": 10,
        "CreatedAt": "2019-01-13T00:44:55Z",
        "UpdatedAt": "2019-01-13T00:44:55Z",
        "DeletedAt": null,
        "img": "",
        "small_img": "",
        "imgalt": "",
        "price": 0,
        "promotion": 0,
        "productname": "",
```

```
      "Description": "",
      "name": "",
      "firstname": "",
      "lastname": "",
      "email": "",
      "password": "",
      "loggedin": false,
      "orders": null,
      "customer_id": 19,
      "product_id": 6,
      "sell_price": 1000,
      "purchase_date": "2018-12-29T23:37:54Z"
  },
  {
      "ID": 11,
      "CreatedAt": "2019-01-14T06:03:08Z",
      "UpdatedAt": "2019-01-14T06:03:08Z",
      "DeletedAt": null,
      "img": "",
      "small_img": "",
      "imgalt": "",
      "price": 0,
      "promotion": 0,
      "productname": "",
      "Description": "",
      "name": "",
      "firstname": "",
      "lastname": "",
      "email": "",
      "password": "",
      "loggedin": false,
      "orders": null,
      "customer_id": 1,
      "product_id": 3,
      "sell_price": 17000,
```

```
        "purchase_date": "0001-01-01T00:00:00Z"
    }
]
`

CUSTOMERS := `[
    {
        "ID": 1,
        "CreatedAt": "2018-08-14T07:52:54Z",
        "UpdatedAt": "2019-01-13T22:00:45Z",
        "DeletedAt": null,
        "name": "",
        "firstname": "Mal",
        "lastname": "Zein",
        "email": "mal.zein@email.com",
        "password":
"$2a$10$ZeZI4pPPlQg89zfOOyQmiuKW9Z7pO9/KvG7OfdgjPAZF0Vz9D8fhC",
        "loggedin": true,
        "orders": null
    },
    {
        "ID": 2,
        "CreatedAt": "2018-08-14T07:52:55Z",
        "UpdatedAt": "2019-01-12T22:39:01Z",
        "DeletedAt": null,
        "name": "",
        "firstname": "River",
        "lastname": "Sam",
        "email": "river.sam@email.com",
        "password":
"$2a$10$mNbCLmfCAc0.4crDg3V3fe0iO1yr03aRfE7Rr3vdfKMGVnnzovCZq",
        "loggedin": false,
        "orders": null
    },
    {
        "ID": 3,
```

```
        "CreatedAt": "2018-08-14T07:52:55Z",
        "UpdatedAt": "2019-01-13T21:56:05Z",
        "DeletedAt": null,
        "name": "",
        "firstname": "Jayne",
        "lastname": "Ra",
        "email": "jayne.ra@email.com",
        "password":
"$2a$10$ZeZI4pPPlQg89zfOOyQmiuKW9Z7pO9/KvG7OfdgjPAZF0Vz9D8fhC",
        "loggedin": false,
        "orders":
    {
        "ID": 19,
        "CreatedAt": "2019-01-13T08:43:44Z",
        "UpdatedAt": "2019-01-13T15:12:25Z",
        "DeletedAt": null,
        "name": "",
        "firstname": "John",
        "lastname": "Doe",
        "email": "john.doe@bla.com",
        "password":
"$2a$10$T4c8rmpbgKrUA0sIqtHCaO0g2XGWWxFY4IGWkkpVQOD/iuBrwKrZu",
        "loggedin": false,
        "orders": null
    }
]
`
```

```
    var products []models.Product
    var customers []models.Customer
    var orders []models.Order
    json.Unmarshal([]byte(PRODUCTS), &products)
    json.Unmarshal([]byte(CUSTOMERS), &customers)
    json.Unmarshal([]byte(ORDERS), &orders)
    return NewMockDBLayer(products, customers, orders)
}
```

하드코딩한 모의 데이터를 MockDBLayer 생성자의 인수로 전달한다. 개발자는 데이터를 일일이 만들지 않고 MockDBLayer를 바로 사용할 수 있다.

MockDBLayer의 모의 데이터를 반환하는 메서드를 다음과 같이 정의한다.

```go
func (mock *MockDBLayer) GetMockProductData() []models.Product {
    return mock.products
}

func (mock *MockDBLayer) GetMockCustomersData() []models.Customer {
    return mock.customers
}

func (mock *MockDBLayer) GetMockOrdersData() []models.Order {
    return mock.orders
}
```

이제 MockDBLayer의 메서드가 반환하는 에러를 처리하는 메서드가 필요하다. 에러 발생 처리 코드의 테스트는 매우 중요하다. 이에 대해서는 유닛 테스트를 구현할 때 설명한다. 우선은 모의 객체의 에러를 설정하는 메서드를 아래와 같이 정의한다.

```go
func (mock *MockDBLayer) SetError(err error) {
    mock.err = err
}
```

MockDBLayer에 DBLayer 인터페이스의 메서드를 구현하자. GetAllProducts() 메서드부터 다음과 같이 구현한다.

```go
func (mock *MockDBLayer) GetAllProducts() ([]models.Product, error) {
    // 에러 반환
    if mock.err != nil {
        return nil, mock.err
```

```
    }
    // 상품 목록 반환
    return mock.products, nil
}
```

가장 먼저 에러가 설정된 테스트인지 확인한다. 에러가 설정됐다면 해당 에러를 반환한다. 아니라면 모의 객체의 상품 목록을 반환한다.

다음은 GetPromos() 메서드를 살펴보자.

```
func (mock *MockDBLayer) GetPromos() ([]models.Product, error) {
    if mock.err != nil {
        return nil, mock.err
    }
    promos := []models.Product{}
    for _, product := range mock.products {
        if product.Promotion > 0 {
            promos = append(promos, product)
        }
    }
    return promos, nil
}
```

마찬가지로 에러 반환 여부부터 확인한다. 다음은 상품 목록을 루프로 돌면서 프로모션 중인 상품만 선택한다.

GetProduct(id) 메서드는 다음과 같이 전달받은 id 값에 해당하는 상품을 반환한다.

```
func (mock *MockDBLayer) GetProduct(id int) (models.Product, error) {
    result := models.Product{}
    if mock.err != nil {
```

```
        return result, mock.err
    }
    for _, product := range mock.products {
        if product.ID == uint(id) {
            return product, nil
        }
    }
    return result, fmt.Errorf("Could not find product with id %d", id)
}
```

다른 메서드도 마찬가지로 에러 반환 여부를 먼저 확인한다. 필요한 경우 에러를 반환하고 메서드를 종료하거나 요청한 데이터를 반환한다. GetProduct(id) 메서드는 상품 목록을 루프로 돌면서 전달받은 id 값에 해당하는 상품을 찾아 반환한다. 상품 목록을 맵에 저장하면 루프를 돌지 않고 맵에서 해당 상품을 바로 조회할 수 있다. 프로덕션 환경에서 모의 객체의 데이터 구조(맵 또는 슬라이스)를 신중하게 결정해야 한다. 위 예제는 슬라이스를 사용한다. 많은 데이터를 반환하는 메서드는 슬라이스를 사용하고 특정 데이터를 반환하는 메서드는 맵을 사용하는 것이 좋다.

계속해서 나머지 MockDBLayer 인터페이스 메서드를 구현하자.

다음은 이름으로 사용자를 조회하는 메서드다.

```
func (mock *MockDBLayer) GetCustomerByName(first, last string) (models.Customer,
error) {
    result := models.Customer{}
    if mock.err != nil {
        return result, mock.err
    }
    for _, customer := range mock.customers {
        if strings.EqualFold(customer.FirstName, first) &&
strings.EqualFold(customer.LastName, last) {
            return customer, nil
```

```
        }
    }
    return result, fmt.Errorf("Could not find user %s %s", first, last)
}
```

다음은 ID로 사용자를 조회하는 메서드다.

```
func (mock *MockDBLayer) GetCustomerByID(id int) (models.Customer, error) {
    result := models.Customer{}
    if mock.err != nil {
        return result, mock.err
    }
    for _, customer := range mock.customers {
        if customer.ID == uint(id) {
            return customer, nil
        }
    }
    return result, fmt.Errorf("Could not find user with id %d", id)
}
```

다음은 사용자를 추가하는 메서드다.

```
func(mock *MockDBLayer) AddUser(customer models.Customer) (models.Customer, error){
    if mock.err != nil {
        return models.Customer{}, mock.err
    }
    mock.customers = append(mock.customers, customer)
    return customer, nil
}
```

다음은 사용자를 로그인시키는 메서드다.

```go
func (mock *MockDBLayer) SignInUser(email, password string) (models.Customer, error) {
    if mock.err != nil {
        return models.Customer{}, mock.err
    }
    for _, customer := range mock.customers {
        if strings.EqualFold(email, customer.Email) && customer.Pass == password {
            customer.LoggedIn = true
            return customer, nil
        }
    }
    return models.Customer{}, fmt.Errorf("Could not sign in user %s", email)
}
```

다음은 특정 사용자를 로그아웃시키는 메서드다.

```go
func (mock *MockDBLayer) SignOutUserById(id int) error {
    if mock.err != nil {
        return mock.err
    }
    for _, customer := range mock.customers {
        if customer.ID == uint(id) {
            customer.LoggedIn = false
            return nil
        }
    }
    return fmt.Errorf("Could not sign out user %d", id)
}
```

다음은 특정 사용자의 주문 목록을 조회하는 메서드를 작성한다.

```go
func (mock *MockDBLayer) GetCustomerOrdersByID(id int) ([]models.Order, error) {
    if mock.err != nil {
        return nil, mock.err
```

```
    }
    for _, customer := range mock.customers {
        if customer.ID == uint(id) {
            return customer.Orders, nil
        }
    }
    return nil, fmt.Errorf("Could not find customer id %d", id)
}
```

다음은 주문을 추가하는 메서드를 작성한다.

```
func (mock *MockDBLayer) AddOrder(order models.Order) error {
    if mock.err != nil {
        return mock.err
    }
    mock.orders = append(mock.orders, order)
    for _, customer := range mock.customers {
        if customer.ID == uint(order.CustomerID) {
            customer.Orders = append(customer.Orders, order)
            return nil
        }
    }
    return fmt.Errorf("Could not find customer id %d for order", order.CustomerID)
}
```

8장에서 신용카드 결제 요청 로직의 유닛 테스트는 작성하지 않는다. 우선은 다음과 같이 최소한의 기능만 구현한다.

```
// 신용카드 결제 관련 모의 메서드는 8장에서 구현하지 않는다.
func (mock *MockDBLayer) GetCreditCardCID(id int) (string, error) {
    if mock.err != nil {
        return "", mock.err
```

```
    }
    return "", nil
}

func (mock *MockDBLayer) SaveCreditCardForCustomer(int, string) error {
    if mock.err != nil {
        return mock.err
    }
    return nil
}
```

모의 객체를 제공하는 여러 Go 언어 기반의 오픈소스 프로젝트가 있지만 모든 메서드를 직접 구현했다.

다음 절에서는 이 모의 객체를 사용해 유닛 테스트를 작성한다.

Go 유닛 테스트

앞서 정의한 `MockDBLayer`를 사용해 유닛 테스트를 작성하자.

Go 유닛 테스트 작성의 첫 단계로 테스트하려는 패키지가 있는 폴더에 파일명이 _test.go로 끝나는 새로운 파일을 생성한다. 예를 들어 `rest` 패키지의 `GetProducts()` 메서드를 테스트하려면 해당 폴더에 handler_test.go 파일을 생성한다.

이 파일은 일반 빌드에는 포함되지 않고 유닛 테스트를 실행할 때만 빌드된다. 유닛 테스트 실행은 **go test** 명령어를 사용한다. **go test** 명령어를 실행하면 _test.go로 끝나는 파일만 빌드하고 실행한다.

테스트 대상 패키지의 폴더가 아닌 경로에서 **go test** 명령어를 실행하는 경우 패키지 경로를 직접 설정해야 한다.

예를 들어 `rest` 패키지의 유닛 테스트를 실행하는 명령어는 다음과 같다.

```
go test github.com/PacktPublishing/Hands-On-Full-Stack-Development-with-Go/tree/
master/Chapter08/backend/src/rest
```

이제 handler_test.go 파일을 작성하자. 우선 패키지를 선언한다.

```
package rest
```

다음은 유닛 테스트를 나타내는 함수를 작성한다. go test 명령어로 실행하는 유닛 테스트에 특정 함수를 추가하려면 다음 규칙을 따라야 한다.

- 함수명은 Test로 시작한다.
- Test 다음에 오는 첫 번째 문자는 대문자여야 한다.
- *testing.T 타입을 매개변수로 전달한다.

*testing.T 타입은 테스트의 성공이나 실패 여부를 반환하는 중요한 메서드와 로깅 기능을 제공한다. 테스트 코드를 작성하면서 *testing.T 타입을 살펴보자.

위의 세 가지 규칙에 따라 HTTP 핸들러의 GetProducts() 메서드를 유닛 테스트하는 TestHandler_GetProducts 함수를 다음과 같이 선언한다.

```
func TestHandler_GetProducts(t *testing.T) {
}
```

먼저 Gin 프레임워크의 테스트 모드를 활성화한다. 테스트 모드는 로그가 지나치게 많아지는 상황을 방지한다.

```
func TestHandler_GetProducts(t *testing.T) {
    // 로그가 너무 많이 쌓이지 않게 테스트 모드로 전환
```

```
    gin.SetMode(gin.TestMode)
  }
```

MockDBLayer 타입을 초기화한다. 샘플 데이터를 하드코딩한 NewMockDBLayerWithData 생성자를 사용한다.

```
func TestHandler_GetProducts(t *testing.T) {
    // 테스트 모드 활성화해 로깅 방지
    gin.SetMode(gin.TestMode)
    mockdbLayer := dblayer.NewMockDBLayerWithData()
}
```

GetProducts() 메서드는 GoMusic에서 판매하는 모든 상품의 목록을 반환하는 HTTP 핸들러 함수다. 앞에서 설명했듯이 HTTP 핸들러 함수는 특정 URL로 HTTP 요청이 들어오면 호출되는 함수다. 핸들러는 HTTP 요청을 처리하고 HTTP를 통해서 응답을 보낸다.

유닛 테스트는 GetProducts() 메서드의 기능뿐만 아니라 핸들러의 HTTP 요청 처리도 테스트해야 한다.

HTTP 핸들러 함수를 호출하는 상대 URL을 정의하자. 다음과 같이 /products라는 URL을 상수constant로 선언한다.

```
func TestHandler_GetProducts(t *testing.T) {
    // 테스트 모드 활성화해 로깅 방지
    gin.SetMode(gin.TestMode)
    mockdbLayer := dblayer.NewMockDBLayerWithData()
    h := NewHandlerWithDB(mockdbLayer)
    const productsURL string = "/products"
}
```

이 상수는 다음 절에서 사용한다.

다음 절에서 테이블 주도 개발이라는 중요한 개념을 소개한다.

테이블 주도 개발

유닛 테스트는 함수와 메서드가 특정 인수와 에러 조건을 예상대로 처리하는지 테스트한다. 따라서 유닛 테스트는 다양한 인수 조합과 에러 조건에 따라 함수와 메서드를 여러 차례 호출한다. 보통 다양한 인수를 전달하고자 if문을 여러 차례 반복하는 비효율적이고 거대한 코드를 작성한다. 이 문제를 해결할 수 있는 **테이블 주도 개발**table-drive development이라는 보편적인 디자인 패턴을 소개한다.

테이블 주도 개발의 개념은 간단하다. Go 구조체 배열이나 맵의 각 요소가 테스트 케이스를 나타낸다. 배열과 맵의 요소에 테스트 대상 함수/메서드에 전달할 인수와 에러 조건을 저장한다. 배열의 요소를 반복하면서 다른 인수와 조건을 함수에 전달 및 호출한다. 메인 유닛 테스트 안에 여러 개의 서브테스트가 있는 구조다.

다음과 같이 서브테스트를 나타내는 Go 구조체 배열을 선언한다.

```
tests := []struct {
    name string
    inErr error
    outStatusCode int
    expectedRespBody interface{}
}{
}
```

위 배열을 test 테이블이라고 부르자. 구조체의 각 필드가 나타내는 값은 다음과 같다.

- **name:** 서브테스트 이름

- **inErr:** 에러 입력. MockDBLayer에 에러를 설정하고 GetProducts() 메서드의 결과를 확인한다.

- **outStatusCode:** GetProducts() HTTP 핸들러의 기대 HTTP 상태 코드. GetProducts() 핸들러가 실제로 반환하는 상태 코드가 이 값과 다르면 유닛 테스트는 실패한다.

- **expectedRespBody:** GetProducts() HTTP 핸들러의 기대 HTTP 응답 내용. 실제 결과와 이 값이 다르다면 유닛 테스트는 실패한다. 이 필드는 상품 목록 슬라이스나 에러일 수 있기 때문에 interface{} 타입으로 선언한다. interface{} 타입은 여러 타입을 의미한다.

테이블 주도 개발의 장점은 높은 확장성이다. 필드를 추가하면 다양한 조건을 쉽게 테스트할 수 있다.

GetProducts() HTTP 핸들러의 HTTP 응답 내용은 상품 목록이나 에러 메시지다. 에러 메시지는 {error:"the error message"} 형식이다.

test 테이블의 서브테스트를 실행하기 전에 에러 메시지를 나타내는 구조체를 정의한다.

```
type errMSG struct {
    Error string `json:"error"`
}
```

간단한 서브테스트를 다음과 같이 정의한다.

```
tests := []struct {
    name string
    inErr error
    outStatusCode int
```

320

```
        expectedRespBody interface{}
    }{
        {
            "getproductsnoerrors",
            nil,
            http.StatusOK,
            mockdbLayer.GetMockProductData(),
        },
        {
            "getproductswitherror",
            errors.New("get products error"),
            http.StatusInternalServerError,
            errMSG{Error: "get products error"},
        },
    }
```

서브테스트를 자세히 살펴보자.

- 첫 번째 테스트의 이름은 getproductsnoerrors다. 에러가 발생하지 않는 정상 시나리오다. MockDBLayer에 설정된 에러가 없기 때문에 GetProducts()는 에러를 반환하지 않아야 한다. OK HTTP 상태 코드와 MockDBLayer에 정의된 상품 목록을 반환해야 한다. MockDBLayer는 GetProducts() 메서드의 데이터베이스 레이어이기 때문에 테스트용 상품 목록을 반환한다.

- 두 번째 테스트의 이름은 getproductswitherror다. 에러가 발생하는 시나리오다. "get products error"라는 에러 메시지를 MockDBLayer에 설정한다. GetProducts() 핸들러의 HTTP 응답에 이 메시지와 StatusInternalServerError 상태 코드가 포함돼 있어야 한다.

나머지 유닛 테스트 코드는 테스트 테이블의 각 서브테스트를 실행한다. 유닛 테스트 함수의 *testing.T 타입 매개변수는 테스트를 정의하고 병렬로 수행하는 메서드를 제공한다.

다음과 같이 서브테스트를 정의한다.

```
t.Run(name string, f func(t *T))bool
```

첫 번째 매개변수는 서브테스트의 이름, 두 번째는 해당 서브테스트의 함수다. 다음과 같이 **test** 테이블을 루프로 돌면서 서브테스트별로 **t.Run()**을 호출한다.

```
for _, tt := range tests {
    t.Run(tt.name, func(t *testing.T) {
        // 서브테스트 실행
    }
}
```

서브테스트 함수를 작성하자. 우선 모의 객체에 에러를 설정한다.

```
for _, tt := range tests {
    t.Run(tt.name, func(t *testing.T) {
        // 서브테스트 실행
        mockdbLayer.SetError(tt.inErr)
    }
}
```

다음은 GetProducts() HTTP 핸들러가 처리할 테스트 HTTP 요청을 생성한다. Go 표준 패키지에 포함된 **httptest** 패키지는 HTTP 관련 기능 테스트에 사용할 수 있는 특수 타입을 제공한다. 이 패키지의 NewRequest() 함수를 사용하면 HTTP 요청을 만들 수 있다.

```
// 테스트 요청 생성
req := httptest.NewRequest(http.MethodGet, productsURL, nil)
```

이 함수는 HTTP 메서드 형식과 요청을 보낼 상대 URL, 그리고 요청 내용을 매개변수로 전달받는다.

GetProducts() HTTP 핸들러는 /products 주소에서 수신한 HTTP GET 요청을 처리한다. /products 문자열은 이미 앞 절에서 productsURL 변수에 저장했다.

httptest 패키지는 HTTP 핸들러의 HTTP 응답을 캡처하는 메서드를 포함하는 ResponseRecorder 타입을 제공한다. 이 타입은 http.ResponseWriter 인터페이스를 구현한다. 따라서 http.ResponseWriter 인터페이스를 사용하는 코드를 대체할 수 있다. 다음과 같이 객체를 생성한다.

```
// http response recorder 생성
w := httptest.NewRecorder()
```

다음은 테스트에 필요한 Gin 프레임워크 엔진의 인스턴스를 생성한다. GetProducts() 는 Gin 라우터의 HTTP 핸들러이기 때문에 다음과 같이 *gin.Context 타입을 매개변수로 전달받는다.

```
GetProducts(c *gin.Context)
```

Gin 프레임워크는 테스트에 사용할 수 있는 Gin 콘텍스트[context]와 엔진 인스턴스를 생성하는 CreateTestContext() 메서드를 제공한다. 이 메서드는 http.ResponseWriter 인터페이스 타입을 전달받는다. httptest.ResponseRecorder는 http.ResponseWriter 인터페이스를 구현하기 때문에 매개변수로 사용할 수 있다.

```
// http response recorder 생성
w := httptest.NewRecorder()
// response recorder를 사용해 gin 엔진 객체를 생성한다. 콘텍스트 인스턴스는 사용하지 않는다.
_, engine := gin.CreateTestContext(w)
```

CreateTestContext()는 Gin 콘텍스트 인스턴스와 엔진 인스턴스를 반환한다. 콘텍스트 인스턴스는 사용하지 않기 때문에 값을 무시한다. 엔진 인스턴스를 사용하면 HTTP 요청의 전체 워크플로우를 테스트할 수 있기 때문에 경우에 따라 콘텍스트보다 유용하다.

다음과 같이 Gin 엔진 인스턴스를 사용해 GetProducts()를 productsURL에 매핑한다.

```
// get 요청 설정
engine.GET(productsURL, h.GetProducts)
```

Gin 엔진이 HTTP 요청을 처리하도록 설정하고 HTTP 응답은 ResponseRecorder 타입으로 생성한다.

```
// HTTP 요청 처리
engine.ServeHTTP(w, req)
```

위 코드는 productsURL이 가리키는 주소로 HTTP 요청을 보내고 GetProducts() 핸들러 메서드가 호출된다. 핸들러는 HTTP 응답을 ResponseRecorder 타입 변수 w에 저장한다.

GetProducts()의 HTTP 응답을 검증해보자. ResponseRecorder 타입의 Result() 메서드를 통해 w에서 HTTP 응답을 추출한다.

```
// 결과 검증
response := w.Result()
```

결과에서 HTTP 상태 코드를 확인하고 예상 값과 다르다면 에러 메시지를 출력하고 테스트 케이스는 실패한다.

```
if response.StatusCode != tt.outStatusCode {
    t.Errorf("Received Status code %d does not match expected status code %d",
response.StatusCode, tt.outStatusCode)
}
```

*testing.T 타입의 Errorf 메서드는 에러 메시지를 출력하고 해당 테스트 케이스는 실패한다. 메시지만 출력하려면 Logf 메서드를 사용하면 된다. Fail 메서드는 테스트 케이스를 즉시 실패로 처리한다. t.Errorf 메서드는 t.Logf 메서드와 t.Fail 메서드의 조합이다.

예상 결과와 비교하려면 서브테스트의 HTTP 응답 내용을 캡처해야 한다. 응답 내용에 에러 메시지가 있는 에러가 발생한 시나리오와 성공적으로 상품 목록을 반환하는 시나리오가 존재한다.

```
/* http 응답의 형식을 미리 알 수 없기 때문에 interface{} 타입을 사용한다. */
var respBody interface{}
// 에러가 발생한 경우 응답을 errMsg 타입으로 변환
if tt.inErr != nil {
    var errmsg errMSG
    json.NewDecoder(response.Body).Decode(&errmsg)
    // 에러 메시지를 respBody에 저장
    respBody = errmsg
} else {
    // 에러가 없을 경우 응답을 product 타입의 슬라이스로 변환
    products := []models.Product{}
    json.NewDecoder(response.Body).Decode(&products)
    // 디코딩한 상품 목록을 respBody에 저장
    respBody = products
}
```

마지막으로 HTTP 응답 내용을 비교한다. Go의 reflect 패키지를 사용하면 쉽게 비교할 수 있다. reflect.DeepEqual() 함수를 사용하면 두 개의 값을 완전히 비교

하고 서로 같은 값인지 확인할 수 있다. 응답 내용이 같지 않다면 다음과 같이 에러 메시지를 출력하고 테스트 케이스를 실패로 처리한다.

```go
if !reflect.DeepEqual(respBody, tt.expectedRespBody) {
    t.Errorf("Received HTTP response body %+v does not match expected HTTP response Body %+v", respBody, tt.expectedRespBody)
}
```

유닛 테스트가 완성됐다. 코드를 다시 살펴보자.

```go
func TestHandler_GetProducts(t *testing.T) {
    // 테스트 모드 활성화해 로깅 방지
    gin.SetMode(gin.TestMode)
    mockdbLayer := dblayer.NewMockDBLayerWithData()
    h := NewHandlerWithDB(mockdbLayer)
    const productsURL string = "/products"
    type errMSG struct {
        Error string `json:"error"`
    }
    // 테이블 주도 개발
    tests := []struct {
        name string
        inErr error
        outStatusCode int
        expectedRespBody interface{}
    }{
        {
            "getproductsnoerrors",
            nil,
            http.StatusOK,
            mockdbLayer.GetMockProductData(),
        },
        {
```

```go
            "getproductswitherror",
            errors.New("get products error"),
            http.StatusInternalServerError,
            errMSG{Error: "get products error"},
        },
    }
    for _, tt := range tests {
        t.Run(tt.name, func(t *testing.T) {
            // 입력 에러 설정
            mockdbLayer.SetError(tt.inErr)
            // 테스트 요청 생성
            req := httptest.NewRequest(http.MethodGet, productsURL, nil)
            // http response recorder 생성
            w := httptest.NewRecorder()
            // response recorder를 사용해 gin 엔진 객체 생성. 콘텍스트 인스턴스는 사용하지 않음
            _, engine := gin.CreateTestContext(w)
            // GET 요청 설정
            engine.GET(productsURL, h.GetProducts)
            // 요청 처리
            engine.ServeHTTP(w, req)
            // 결과 값 반환
            response := w.Result()
            if response.StatusCode != tt.outStatusCode {
                t.Errorf("Received Status code %d does not match expected status code %d",
response.StatusCode, tt.outStatusCode)
            }
            // http 응답의 데이터 타입을 알 수 없기 때문에 interface{} 사용
            var respBody interface{}
            // 에러 발생 테스트 케이스라면 에러 메시지 타입으로 변환
            if tt.inErr != nil {
                var errmsg errMSG
                json.NewDecoder(response.Body).Decode(&errmsg)
                respBody = errmsg
            } else {
                // 에러가 발생하지 않는다면 Product 타입 슬라이스로 변환
```

```
        products := []models.Product{}
        json.NewDecoder(response.Body).Decode(&products)
        respBody = products
    }
    if !reflect.DeepEqual(respBody, tt.expectedRespBody) {
        t.Errorf("Received HTTP response body %+v does not match expected HTTP
response Body %+v", respBody, tt.expectedRespBody)
    }
  })
}
```

Go 언어는 서브테스트를 병렬로 실행하는 기능을 제공한다. 다음과 같이 서브테스트에서 t.Parallel()을 호출하면 된다.

```
for _, tt := range tests {
  t.Run(tt.name, func(t *testing.T) {
      t.Parallel()
      // 동시성 코드
    }
}
```

서브테스트를 병렬로 실행할 때 서로 공유하는 데이터를 동시에 변경하지 않도록 조심해야 한다. 예를 들어 위 코드를 보면 서브테스트 코드 밖에서 MockDBLayer 객체를 초기화하고 공유한다. 특정 서브테스트에서 이 객체의 에러 상태를 변경하면 수행 중인 다른 서브테스트가 영향을 받을 수 있다.

유닛 테스트를 실행하고 결과를 확인하자. 패키지 폴더에서 go test나 다른 폴더에서 go test <패키지 경로> 명령어를 실행하면 유닛 테스트가 실행된다. 테스트를 통과하면 다음과 같은 결과가 출력된다.

```
PASS
ok github.com/PacktPublishing/Hands-On-Full-Stack-Development-with-Go/tree/
master/Chapter08/backend/src/rest 0.891s
```

테스트 대상 패키지 이름과 소요 시간을 기본으로 출력한다.

go test -v를 실행하면 다음과 같이 더 많은 정보를 출력한다.

```
c:\Programming_Projects\GoProjects\src\github.com\PacktPublishing\Hands-On-Full-
Stack-Development-with-Go\8-Testing-andbenchmarking\backend\src\rest>go test -v
=== RUN TestHandler_GetProducts
=== RUN TestHandler_GetProducts/getproductsnoerrors
=== RUN TestHandler_GetProducts/getproductswitherror
--- PASS: TestHandler_GetProducts (0.00s)
    --- PASS: TestHandler_GetProducts/getproductsnoerrors (0.00s)
    --- PASS: TestHandler_GetProducts/getproductswitherror (0.00s)
PASS
ok github.com/PacktPublishing/Hands-On-Full-Stack-Development-with-Go/8-Testing-
and-benchmarking/backend/src/rest 1.083s
```

-v 옵션은 현재 실행 중인 유닛 테스트와 해당 서브테스트 이름도 출력한다.

다음 절에서는 벤치마킹을 소개한다.

█ 벤치마킹

소프트웨어 테스트 분야의 또 다른 중요한 주제는 벤치마킹이다. 벤치마킹^{Benchmarking}
이란 코드의 성능을 측정하는 작업이다. Go 언어의 testing 패키지는 막강한 벤치
마킹 기능을 제공한다.

지금까지 작성한 코드의 일부를 벤치마킹하는 방법을 알아보자. 데이터베이스 레이

어에서 사용하는 hashpassword() 함수가 좋은 예다. backend/src/dblayer/orm.go 파일에 정의된 이 함수는 전달받은 문자열을 bcrypt로 해싱한다.

```go
func hashPassword(s *string) error {
    if s == nil {
        return errors.New("Reference provided for hashing password is nil")
    }
    // 패스워드 문자열을 바이트 슬라이스로 변환
    sBytes := []byte(*s)
    // 패스워드 해싱
    hashedBytes, err := bcrypt.GenerateFromPassword(sBytes, bcrypt.DefaultCost)
    if err != nil {
        return err
    }
    // 패스워드 문자열을 해시로 바꿈
    *s = string(hashedBytes[:])
    return nil
}
```

이 함수의 성능을 측정하자.

먼저 파일명이 _test.go로 끝나는 새로운 파일을 이 함수가 정의된 파일이 저장된 dblayer 패키지 폴더에 생성한다. 파일명은 orm_test.go로 설정한다.

앞서 설명했듯이 파일명이 _test.go로 끝나는 파일은 일반 빌드 과정에 포함되지 않는다. go test 명령어를 실행하는 경우에만 빌드된다.

파일이 속한 패키지 이름 dblayer를 파일 상단에 선언하고 testing 패키지를 임포트한다.

```go
package dblayer

import "testing"
```

hashpassword() 함수를 벤치마킹하는 코드를 작성하자. Go 언어에서 벤치마킹 함수를 작성하려면 다음 규칙을 따라야 한다.

- 함수명은 Benchmark로 시작한다.
- Benchmark 바로 뒤의 글자는 대문자여야 한다.
- *testing.B 타입을 매개변수로 전달받는다. *testing.B 타입은 코드를 쉽게 벤치마킹할 수 있는 기능을 제공한다.

위 세 가지 규칙을 따라 다음과 같이 벤치마킹 함수를 선언한다.

```go
func BenchmarkHashPassword(b *testing.B) {
}
```

해싱할 문자열을 초기화한다.

```go
func BenchmarkHashPassword(b *testing.B) {
    text := "A String to be Hashed"
}
```

*testing.B 타입을 사용해 해당 코드를 b.N번 실행한다. *testing.B의 N 필드 값은 코드의 성능을 제대로 측정할 수 있는 적절한 값으로 조정된다.

```go
func BenchmarkHashPassword(b *testing.B) {
    text := "A String to be Hashed"
    for i := 0; i < b.N; i++ {
        hashPassword(&text)
    }
}
```

위 함수는 hashPassword()를 벤치마킹하는 데 충분한 횟수만큼 실행한다. go test 명령어를 -bench 옵션과 함께 실행하면 벤치마킹을 시작한다.

```
go test -bench .
```

-bench 옵션을 사용하려면 벤치마킹 대상 함수의 이름을 정규 표현식으로 표현해야 한다. 모든 함수를 다 실행하려면 .를 사용한다. HashPassword라는 단어를 포함하는 벤치마킹 함수만 실행하고 싶다면 다음과 같이 명령어를 변경한다.

```
go test -bench HashPassword
```

실행 결과는 다음과 같다.

```
goos: windows
goarch: amd64
pkg: github.com/PacktPublishing/Hands-On-Full-Stack-Development-with-Go/8-
Testing-and-benchmarking/backend/src/dblayer
BenchmarkHashPassword-8 20 69609530 ns/op
PASS
ok github.com/PacktPublishing/Hands-On-Full-Stack-Development-with-Go/8-Testing-
and-benchmarking/backend/src/dblayer 1.797s
```

hashPassword 함수를 20번 실행했고 속도는 루프당 약 69,609,530나노초다.

위 코드를 보면 문자열을 벤치마킹 바로 직전에 초기화한다. 매우 쉽고 간단한 방법이다.

```
func BenchmarkHashPassword(b *testing.B) {
    text := "A String to be Hashed"
    for i := 0; i < b.N; i++ {
```

```
        hashPassword(&text)
    }
}
```

하지만 초기화가 복잡하고 많은 시간이 소요된다면 다음과 같이 초기화한 후 벤치마킹 전에 b.ResetTimer()를 호출하는 것이 좋다.

```
func BenchMarkSomeFunction(b *testing.B){
    someHeavyInitialization()
    b.ResetTimer()
    for i:=0;i<b.N;b++{
        SomeFunction()
    }
}

b.Run(name string, f func(b *testing.B))
```

*testing.B 타입의 RunParallel() 메서드를 사용하면 여러 벤치마킹 함수를 병렬로 실행한다. go test -cpu 명령어를 사용한다.

```
b.RunParallel(func(pb *testing.PB){
    for pb.Next(){
        // 나머지 코드
    }
})
```

▌ 요약

8장에서는 소프트웨어 개발자라면 반드시 숙지해야 하는 중요한 기술인 소프트웨어 테스트를 살펴봤다. Go 코드를 테스트하는 Go 언어가 제공하는 몇 가지 유용한 기능을 소개했다. 모의 객체를 생성하고 소프트웨어 테스트에서 필요한 이유를 알아봤고 유닛 테스트와 벤치마킹도 살펴봤다.

9장에서는 GopherJS 프레임워크를 다루면서 동형 Go 프로그래밍의 개념을 살펴본다.

▌ 질문거리

1. 모의 객체란 무엇이며 언제 사용하는가?
2. Go 언어의 testing 패키지는 언제 사용하는가?
3. *testing.T 타입은 어떻게 사용하는가?
4. *testing.B 타입은 어떻게 사용하는가?
5. *testing.T.Run() 메서드의 역할은 무엇인가?
6. *testing.T.Parallel() 메서드의 역할은 무엇인가?
7. 벤치마킹이란 무엇인가?
8. *testing.B.ResetTimer() 메서드의 역할은 무엇인가?

▌ 더 읽을거리

더 자세한 설명은 다음 링크를 참고하라.

- **Go testing 패키지:** https://golang.org/pkg/testing/

09

GopherJS와
동형 Go 프로그래밍 소개

지금까지는 자바스크립트를 사용해 프론트엔드를 개발하는 방법을 다뤘다. 하지만 Go 언어로 프론트엔드를 작성하고 싶다면 방법이 있다. Go 코드를 자바스크립트로 컴파일(또는 트랜스파일transpiling)하는 목적으로 만들어진 인기 있는 Go 패키지인 GopherJS를 사용하면 된다. Go를 자바스크립트로 컴파일하면 프론트엔드에서 일반 자바스크립트처럼 사용할 수 있다. 프론트엔드와 백엔드가 같은 언어로 만들어진 애플리케이션을 **동형 애플리케이션**isomorphic application이라고 부른다.

다른 소프트웨어 설계 방식과 마찬가지로 동형 자바스크립트 코드는 장단점이 있다. 가장 큰 장점은 대부분의 코드를 익숙한 하나의 언어로 작성하는 데에서 오는 개발의 편리성과 빠른 개발 속도다. 반면에 단점은 문제 해결을 위해 자동 생성된 자바스크립트 코드를 디버깅해야 하는 어려움이다.

9장에서는 동형 웹 개발^{isomorphic web development}을 소개한다. GopherJS의 주요 구성 요소를 살펴보고 GopherJS를 사용해 웹 브라우저와 Node.js 모듈과 상호작용하는 코드를 작성한다. 나아가 GopherJS와 오픈소스 프로젝트를 사용해 간단한 리액트 앱을 만들어본다.

9장에서 다루는 내용은 다음과 같다.

- GopherJS 기초
- 리액트와 GopherJS

▌ 기술적 요구 사항

9장에서 필요한 툴은 다음과 같다.

- Go 언어(https://golang.org/doc/install)
- Node.js과 **npm**(https://nodejs.org/en/)
- VS Code 등의 코드 에디터(https://code.visualstudio.com/)

자바스크립트와 HTML, 리액트 및 Go의 이해는 필수다. 리액트에 익숙하지 않다면 3장과 4장을 참고하라.

모든 코드는 다음 링크에서 찾을 수 있다.

https://github.com/PacktPublishing/ Hands-On-Full-Stack-Development-with-Go

GopherJS 기초

GopherJS는 Go 코드를 자바스크립트로 컴파일하는 여러 툴과 자료형 및 Go 패키지의 모음이다. 특정 프로그래밍 언어를 다른 언어로 컴파일하는 것을 **트랜스파일** transpiling이라고 한다. GopherJS를 사용하면 자바스크립트 모듈과 상호작용하는 Go 코드를 작성할 수 있다. 자바스크립트에 익숙하지 않은 Go 개발자에게 매우 유용하다. Go 언어로 프론트엔드를 개발하거나 Node.js 모듈과 함께 사용할 수 있다는 뜻이다. Go의 기능과 자바스크립트의 유연성을 결합할 수 있다.

GopherJS는 다양한 애플리케이션에서 사용하는 유용한 소프트웨어다. GopherJS를 효율적으로 사용하려면 구성 요소를 이해해야 한다.

먼저 다음 **go get** 명령어를 실행하면 패키지가 설치된다.

```
go get -u github.com/gopherjs/gopherjs
```

GopherJS 명령어를 실행하려면 **source-mapsupport** 모듈이 필요하다.

```
npm install --global source-map-support
```

Go 코드를 디버깅하는 기능을 제공한다. 복잡한 GopherJS 애플리케이션을 개발할 때 매우 유용한 툴이다. GopherJS 패키지를 살펴볼 준비가 됐다. GopherJS는 코드를 테스트할 수 있는 플레이그라운드를 제공한다.

https://gopherjs.github.io/playground/

다음 절에서는 GopherJS 자료형을 알아본다.

GopherJS 자료형

GopherJS에는 js라는 서브 패키지가 포함돼 있다. 이 패키지는 Go와 자바스크립트를 연결하는 데 필요한 기능을 제공한다. 다음 링크에 자세한 설명이 있다.

https://godoc.org/github.com/gopherjs/gopherjs/js

js 패키지의 핵심 기능은 Go 자료형을 자바스크립트 자료형으로 또는 반대로 변환하는 기능이다. 자료형은 기본 자료형(int, float, string)과 constructed 자료형(struct, interface) 두 가지 유형으로 나눌 수 있다. 아래 표는 GopherJS가 지원하는 Go 기본 자료형과 자바스크립트 기본 자료형 간의 매핑이다.

Go 자료형	자바스크립트 자료형
bool	Boolean
int와 float	Number
string	String
[]int8	Int8Array
[]int16	Int16Array
[]int32, []int	Int32Array
[]uint8	Uint8Array
[]uint16	Uint16Array
[]uint32, []uint	Uint32Array
[]float32	Float32Array
[]float64	Float64Array

예를 들어 GopherJS를 사용해 Go int형을 자바스크립트로 컴파일하면 Number형으로 변환된다. 트랜스파일된 코드의 성능을 위해 uint8/uint16/uint32/uint64형 대

신 int형을 사용하는 것이 좋으며, float32형보다 float64형을 사용하는 것이 좋다.

다음 절에서는 GopherJS의 객체형을 살펴본다

객체형

기본 자료형은 좋지만 코드의 단순한 구성 요소일 뿐이다. 그렇다면 Go 구조체와 인터페이스, 메서드, 함수, 고루틴은 어떻게 변환할 수 있을까? js 패키지가 알아서 자바스크립트로 변환해준다.

*js.Object형은 js 패키지의 핵심 구성 요소 중 하나다. 네이티브 자바스크립트 객체의 컨테이너다. GopherJS 코드의 대부분은 Go 객체를 *js.Object로 또는 그 반대로 변환하는 로직이다. Go 코드에서 자바스크립트 모듈은 *js.Object형이다.

다음 절에서는 Go 코드에서 자바스크립트 함수를 호출한다.

Go 코드에서 자바스크립트 함수 호출

일반적으로 자바스크립트 코드는 Node.js나 브라우저에서 실행된다. Node.js에서 실행되는 코드는 Node.js 전역 객체^{global objects}(https://nodejs.org/api/globals.html)에 접근할 수 있다. GopherJS 코드를 Node.js 환경에서 실행하는 경우 전역 변수를 저장하는 *js.Object형 js.Global 변수를 통해 전역 객체에 접근할 수 있다. Get 메서드를 통해 특정 객체에 접근하고 Call 메서드를 통해 해당 객체의 메서드를 호출한다. 예제를 보면서 자세히 알아보자.

다음 코드를 실행한다.

```
package main

import (
```

```
    "github.com/gopherjs/gopherjs/js"
)

func main() {
    // console은 *js.Object형 변수
    console := js.Global.Get("console")
    /*
        *js.Object에는 console의 메서드를 호출하는 Call 메서드가 있다.
    */
    console.Call("log", "Hello world!!")
}
```

위 코드는 다음 Node.js 자바스크립트 코드와 같다.

```
console.log("Hello World!!");
```

js.Global 객체는 Go 코드에서 Node.js 모듈에 접근할 수 있게 해주며, 다양한 방법으로 활용할 수 있다. 예를 들어 prettyjson이라는 Node.js 모듈을 Go 코드에서 사용하려고 한다. prettyjson 패키지에는 객체를 보기 편한 JSON 형식으로 변환하는 render() 메서드가 있다.

```
package main

import (
    "fmt"

    "github.com/gopherjs/gopherjs/js"
)

func main() {
    // 자료형 정의
    type MyType struct {
        Name string
```

```
        Projects []string
    }
    // 값 설정
    value := MyType{Name: "mina", Projects: []string{"GopherJS", "ReactJS"}}
    /*
        prettyjson 모듈 호출. 'var prettyjson = require("prettyjson")' 자바스크립트
        코드와 같음.
    */
    prettyjson := js.Global.Call("require", "prettyjson")
    // 'prettyjson.render(value);' 자바스크립트 코드와 같음
    result := prettyjson.Call("render", value)
    /*
        나머지 코드
    */
}
```

자바스크립트 코드는 브라우저에서도 실행할 수 있다. 브라우저의 전역 객체는
Node.js 환경과 다르다. 다음 코드는 브라우저에서는 잘 실행되지만 Node.js 환경
에서는 실행되지 않는다.

```
package main

import (
    "github.com/gopherjs/gopherjs/js"
)

func main() {
    document := js.Global.Get("document")
    document.Call("write", "Hello world!!")
}
```

이유는 대부분의 브라우저에 **"document"** 전역 객체가 정의돼 있기 때문이다.

다음 절에서는 GopherJS 명령어를 살펴보자.

GopherJS 명령어

이제 GopherJS가 제공하는 다양한 명령어를 사용해 Go 코드를 자바스크립트 코드로 변환하자. GopherJS 명령어를 실행하려면 GOOS 플래그를 darwin이나 linux로 설정해야 한다. 윈도우 환경에서 GopherJS 명령어를 실행하려면 다음 명령어를 터미널에서 먼저 실행해야 한다.

```
set GOOS=linux
```

환경 설정부터 시작하자. 'GopherJS 기초'절에서 설명한 대로 GopherJS와 source-map-support 모듈을 설치했으면 GOPATH 경로의 src 폴더 안에 9-Isomorphic-GO라는 새로운 폴더를 생성한다. 이 폴더 안에 node라는 또 다른 폴더를 생성한다. 여기에 노드 패키지를 활용하는 코드를 작성한다.

node 폴더에 main.go라는 파일을 만들고 아래와 같이 코드를 작성한다.

```
package main

import (
    "github.com/gopherjs/gopherjs/js"
)

func main() {
    console := js.Global.Get("console")
    console.Call("log", "Hello world!!")
}
```

GopherJS를 사용해 위 코드를 자바스크립트 코드로 변환하자. gopherjs build 명령어를 실행하면 된다. 터미널을 열고 node 폴더로 이동한 후 다음 명령어를 실행한다.

```
gopherjs build main.go
```

변환된 자바스크립트 코드가 있는 main.js 파일이 생성된다. 이 파일에는 많은 자바스크립트 코드가 있다. Go 앱과 패키지를 지원하고자 GopherJS는 자바스크립트로 구현한 Go 런타임의 일부를 이 파일에 포함시킨다.

일반 Node.js 파일처럼 다음 명령어로 자바스크립트 파일을 실행한다.

```
node main.js
```

install 명령어를 사용해도 된다.

```
gopherjs install
```

위 명령어를 실행하면 bin 폴더에 자바스크립트 파일이 생성된다. 실행 파일 대신 자바스크립트 파일이 만들어진다는 점 외에 go install 명령어와 유사하다.

-m 옵션을 사용하면 자바스크립트 코드를 압축한다. 코드에서 공백과 줄 바꿈이나 주석 같은 불필요한 문자를 찾아 삭제하는 옵션이다.

Node.js의 source-mapsupport 패키지를 설치했다면 gopherjs run 명령어를 통해 코드를 바로 실행할 수 있다.

```
gopherjs run main.go
```

브라우저 코드는 어떻게 실행할까?

9-Isomorphic-GO 폴더로 돌아가서 browser라는 새로운 폴더를 만들고 main.go 파일을 생성한다. 이 파일에 다음과 같이 코드를 작성한다.

```
package main

import (
    "github.com/gopherjs/gopherjs/js"
)

func main() {
    document := js.Global.Get("document")
    document.Call("write", "Hello world!!")
}
```

document 객체를 사용하는 것을 보면 브라우저에서 실행하는 코드가 분명하다. gopherjs build 명령어를 사용해도 되지만 또 다른 방법이 있다.

browser 폴더에서 다음 명령어를 실행한다.

```
gopherjs serve
```

위 명령어는 localhost:8080 주소에 웹 서버를 실행한다. main.go 내용을 수정하면 웹 서비스 페이지에 반영된다. 새로 고침하면 수정한 내용이 바로 반영된다.

gopherjs serve를 실행한 경로의 하위 폴더에 Go 코드가 있다면 localhost:8080/your/sub/folder에서 해당 페이지를 확인할 수 있다. /your/sub/folder는 main.go 파일의 폴더 경로다. 예를 들어 파일의 경로가 /test/main.go라면 웹 주소는 localhost:8080/test다.

다음 절에서는 GopherJS가 제공하는 Go와 자바스크립트의 바인딩을 알아본다.

Go 바인딩

지금까지 GopherJS를 사용해 Go 코드에 자바스크립트 패키지를 추가하는 방법을 알아봤다. 하지만 반대로 Go 패키지를 자바스크립트에 추가하는 것은 어려워 보일 수 있다. 다행히 GopherJS는 대부분의 Go 표준 패키지를 자바스크립트로 변환한다. 호환되는 Go 패키지 목록은 다음 링크에서 확인할 수 있다.

https://github.com/gopherjs/gopherjs/blob/master/doc/packages.md

os 패키지와 같은 일부 패키지는 Node.js 환경에서만 사용할 수 있다. 패키지의 대부분 기능을 브라우저에서 사용할 수 없기 때문이다.

호환되는 Go 패키지 목록을 보면 encoding/csv와 fmt, string 패키지가 있다. 이 패키지를 사용하는 코드를 다음과 같이 작성한다.

```go
package main

import (
    "encoding/csv"
    "fmt"
    "strings"
)

func main() {
    // 샘플 csv 데이터
    data := "item11,item12,item13\nitem21,item22,item23\nitem31,item32,item33\n"
    // csv 리더 생성
    csvReader := csv.NewReader(strings.NewReader(data))
    i := 0
    for {
        row, err := csvReader.Read()
        if err != nil {
            break
        }
```

```
        i++
        fmt.Println("Line", i, "of CSV data:", row)
    }
}
```

위 코드의 실행 결과는 다음과 같다.

```
Line 1 of CSV data: [item11 item12 item13]
Line 2 of CSV data: [item21 item22 item23]
Line 3 of CSV data: [item31 item32 item33]
```

GopherJS를 사용해 위 코드를 컴파일하면 똑같은 결과를 출력하는 자바스크립트 파일이 생성된다. GopherJS 패키지를 임포트하지 않아도 Go 코드를 자바스크립트로 변환하는 유용한 기술이다.

다음 절에서는 Go 코드에서 자바스크립트 모듈을 익스포트하는 방법을 살펴본다.

코드 익스포트

Go로 작성한 모듈을 자바스크립트 모듈에서 사용하는 흥미로운 GopherJS 활용 방법이 있다. Go 코드에서 자바스크립트로 변환된 모듈을 익스포트하는 방법을 알아보기 전에 우선 자바스크립트에서 어떻게 모듈을 익스포트하는지 예제 코드를 살펴보자.

node 폴더 안에 calc라는 새로운 폴더를 만든다. 여기에 덧셈이나 뺄셈을 하는 간단한 자바스크립트 모듈을 작성한다. calc 폴더 안에 addsub.js라는 파일을 만들고 다음과 같이 add()와 sub() 함수를 정의한다.

```
function add(i,j){
    return i+j;
}

function sub(i,j){
    return i-j;
}
```

다른 자바스크립트 모듈에서 호출할 수 있도록 함수를 익스포트한다. modules.exports에 두 함수를 설정하면 된다.

```
module.exports={
    Add: add,
    Sub: sub
}
```

이제 다른 자바스크립트 파일에서 Add()와 Sub() 함수를 임포트하고 호출할 수 있다.

calc.js라는 파일을 생성하고 addsub.js의 익스포트된 함수를 호출한다. 다음 코드를 추가하면 익스포트된 함수를 사용할 수 있다.

```
var calc = require('./addsub.js');
```

이제 다음과 같이 간단하게 함수를 호출할 수 있다.

```
// Add()를 호출하고 결과를 add 변수에 저장한다.
var add = calc.Add(2,3);

// Sub()를 호출하고 결과를 sub 변수에 저장한다.
var sub = calc.Sub(5,2);
```

변수의 값을 출력한다.

```
console.log(add);
console.log(sub);
```

어떻게 하면 addsub.js 모듈과 동일한 Go 코드를 작성할 수 있을까?

매우 간단하다. 우선 다음과 같이 함수를 addsubgo.go 파일에 정의한다.

```
package main

import (
    "github.com/gopherjs/gopherjs/js"
)

// Add 함수
func Add(i, j int) int {
    return i + j
}

// Sub 함수
func Sub(i, j int) int {
    return i - j
}
```

Go의 메인 함수에서 GopherJS의 js.Module 변수를 통해 Node.js의 module 변수에 접근할 수 있다.

```
js.Module.Get("exports")
```

자바스크립트 코드 module.exports와 같다.

대부분의 GopherJS 변수와 마찬가지로 js.Module은 *js.Object형이다. 다음과 같이 Get과 Set 메서드를 통해 객체를 제어할 수 있다는 뜻이다.

```
exports := js.Module.Get("exports")
exports.Set("Add", Add)
exports.Set("Sub", Sub)
```

위 코드는 다음 자바스크립트 코드와 같다.

```
module.exports={
    Add: add,
    Sub: sub
}
```

GopherJS를 사용해 익스포트할 수 있는 자바스크립트 코드를 Go 코드로 작성했다. 전체 구현은 다음과 같다.

```
package main

import (
    "github.com/gopherjs/gopherjs/js"
)

func main() {
    exports := js.Module.Get("exports")
    exports.Set("Add", Add)
    exports.Set("Sub", Sub)
}

func Add(i, j int) int {
    return i + j
}

func Sub(i, j int) int {
```

```
        return i - j
    }
```

GopherJS 사용해 이 파일을 자바스크립트로 컴파일한다.

```
gopherjs build addsubgo.go
```

addsubgo.js 파일이 생성되고 다른 자바스크립트 파일에서 이 파일을 임포트하고
사용할 수 있다. calc.js 파일을 다음과 같이 수정한다.

```
// 컴파일한 자바스크립트 파일을 임포트한다.
var calc = require('./addsubgo.js');

// Add() 호출
var add = calc.Add(2,3);

// Sub() 호출
var sub = calc.Sub(5,2);

console.log(add);
console.log(sub);
```

결과는 수정하기 전의 결과와 같다.

```
function formatnumbers(Obj){
    return "First number: " + Obj.first + " second number: " + Obj.second;
}
```

매개변수가 한 개 이상의 객체인 함수를 예로 들어보자.

```
function formatnumbers(Obj){
    return "First number: " + Obj.first + " second number: " + Obj.second;
}
```

매개변수가 객체인 단순한 함수다. 이 객체의 필드 값을 포함하는 문자열을 반환한다. 객체에는 first와 second 필드가 있다. 다음과 같이 함수를 호출한다.

```
// FormatWords를 호출하고 fw 변수에 결과 값을 저장한다.
var fw = calc.FormatNumbers({
    first: 10,
    second: 20,
});
```

GopherJS를 사용해 똑같은 함수를 Go로 작성할 수 있다.

Go는 정적 언어이므로 매개변수의 자료형을 반드시 정의해야 한다. addsubgo.go 파일에 다음 코드를 추가한다.

```
type Obj struct {
    /*
        GopherJS에서 사용하는 모든 구조체에는 *js.Object를 포함해야 한다.
    */
    *js.Object
    /*
        객체의 필드 정의
    */
    First int `js:"first"` // 자바스크립트 객체의 필드명을 나타내는 구조체 태그
    Second int `js:"second"`
}
```

위 구조체 정의는 다음 두 가지 규칙을 따른다.

- *js.Object를 포함한다.
- 자바스크립트 객체의 필드명을 나타내는 js 구조체 태그다.

이 함수를 Go로 구현하면 다음과 같다.

```go
func FormatNumbers(o Obj) string {
    return fmt.Sprintf("First number: %d second number: %d", o.First, o.Second)
}
```

규칙에 따라 Obj 구조체를 정의했기 때문에 위 함수는 GopherJS를 사용해 자바스크립트로 변환할 수 있다.

FormatNumbers() 함수를 익스포트한다.

```go
func main() {
    exports := js.Module.Get("exports")
    exports.Set("Add", Add)
    exports.Set("Sub", Sub)
    // FormatNumbers 함수를 익스포트할 수 있는 자바스크립트 모듈로 만든다.
    exports.Set("FormatNumbers", FormatNumbers)
}
```

gopherjs build addsubgo.go 명령어로 위 코드를 컴파일하면 다른 자바스크립트 모듈에서 함수를 호출할 수 있다.

다음 절에서는 Go 메서드와 고루틴을 살펴본다.

Go 메서드

Go 구조체와 메서드를 자바스크립트에서 사용해보자.

다음은 악기를 나타내는 구조체와 몇 개의 getter와 setter 메서드를 정의한 코드다.

352

```go
type MI struct {
    MIType string
    Price float64
    Color string
    Age int
}

func (mi *MI) SetMIType(s string) {
    mi.MIType = s
}

func (mi *MI) GetMIType() string {
    return mi.MIType
}

func (mi *MI) SetPrice(f float64) {
    mi.Price = f
}

func (mi *MI) GetPrice() float64 {
    return mi.Price
}

func (mi *MI) SetColor(c string) {
    mi.Color = c
}

func (mi *MI) GetColor() string {
    return mi.Color
}

func (mi *MI) SetAge(a int) {
    mi.Age = a
}

func (mi *MI) GetAge() int {
    return mi.Age
}
```

이 구조체를 자바스크립트 코드에서 사용한다. GopherJS는 js.MakeWrapper() 함수를 제공한다. 이 함수의 매개변수는 Go 구조체이고 해당 구조체와 메서드를 나타내는 *js.Object를 반환한다.

MI 구조체의 생성자를 다음과 같이 정의한다.

```go
func New() *js.Object {
    return js.MakeWrapper(&MI{})
}
```

main 함수에서 위 생성자를 Global 객체에 추가하면 자바스크립트 코드에서 사용할 수 있다.

```go
func main() {
    // musicalInstruments 네임스페이스에 'New' 함수 추가
    js.Global.Set("musicalInstruments", map[string]interface{}{
        "New": New,
    })
}
```

musicalInstruments 네임스페이스에 New() 자바스크립트 함수를 정의한다.

js.Module 변수를 통해 New() 생성자를 module.export에 추가해도 되지만 단순하게 Global 객체에 추가했다.

위 코드를 mi.go라는 파일에 작성하고 다음 GopherJS 명령어를 사용해 자바스크립트 코드로 컴파일한다.

```
gopherjs build mi.go
```

mi.js라는 파일이 생성된다. 자바스크립트 파일에서 이 파일을 임포트하고 musicalinstruments 네임스페이스의 New() 함수를 호출하면 MI 구조체를 사용할 수 있다.

```
require("./mi.js");

var mi = musicalInstruments.New();

mi.SetAge(20);

console.log(mi.GetAge());
```

악기 객체를 생성하고 연식을 설정한 후 이 값을 출력한다.

고루틴

GopherJS는 고루틴을 지원한다. Go 코드에서 고루틴을 작성하면 GopherJS가 알아서 변환해준다. 한 가지 중요한 요건은 자바스크립트 코드에서 블로킹 코드를 호출하는 경우 반드시 고루틴을 사용해야 한다.

예를 들어 다음 코드를 브라우저에서 실행한다.

```
document.getElementById("myBtn").addEventListener("click", function(){
    /* 블로킹 코드 */
});
```

버튼이 클릭되면 실행되는 콜백 함수를 정의하는 코드다.

이 코드를 Go 언어와 GopherJS를 사용해 작성하면 다음과 같다.

```
js.Global.Get("document").Call("getElementById", "mybtn")
.Call("addEventListener","click", func() {
    go func() {
        /*블로킹 코드*/
    }()
})
```

이벤트 리스너의 콜백 함수에 블로킹 코드가 있기 때문에 고루틴을 사용했다.

이제 GopherJS의 기초 개념을 이해했으니 리액트에서 사용하는 방법을 알아본다.

▌리액트와 GopherJS

4장에서 막강하고 인기 있는 리액트 프레임워크를 살펴봤다. GopherJS 덕분에 Go 언어를 사용해 리액트 애플리케이션을 개발하는 여러 오픈소스 프로젝트가 생겼다. 그중 한 프로젝트를 예제 코드와 함께 살펴보고 Go 언어를 사용해 리액트 애플리케이션을 개발하자.

프로젝트

리액트 기반의 간단한 인터렉티브 웹 앱을 작성한다. 앱에는 텍스트 입력창과 버튼이 있다.

This is my first GopherJS React App.

Name: Mina   Submit

이름을 입력하고 Submit 버튼을 클릭하면 Hello라는 단어를 붙여 화면의 목록에 추가한다.

문자 입력창은 입력 즉시 반응한다. 입력한 문자는 화면에 실시간으로 표시된다. 리액트로 구현하기에 적합한 구조다.

이제 프로젝트의 구조를 설계하자.

애플리케이션 아키텍처 설계

구현하려는 리액트 애플리케이션은 매우 간단해서 컴포넌트는 한 개면 충분하다. 이 컴포넌트에는 아래와 같이 문자 입력창과 Submit 버튼, 인터렉티브 텍스트, 이름 목록이 있다.

이 절에서 리액트 프레임워크의 핵심 기능인 리액트 엘리먼트와 state, props, 폼을 사용한다.

폼에는 문자 입력창과 Submit 버튼이 있다.

state 객체에는 두 개의 속성이 있다.

- 현재 입력된 이름
- 이름 목록

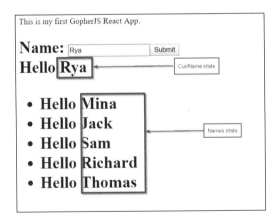

358

이름 옆에 표시되는 문자열 Hello는 컴포넌트의 props를 통해 전달한다.

다음 절에서는 설계대로 Go 기반 리액트 애플리케이션을 작성한다.

Go 기반의 리액트 애플리케이션

Go 기반의 리액트 애플리케이션을 작성한다. myitcv.io/react라는 유명한 패키지를 사용한다. 이 패키지는 리액트 프레임워크와 GopherJS 사이의 바인딩을 제공한다. 자세한 내용은 다음 링크를 참고하라.

https://github.com/myitcv/x/tree/master/react

우선 myitcv.io/react 패키지를 설치한다.

```
go get -u myitcv.io/react
```

다음은 Go 기반 리액트 애플리케이션 개발에 유용한 reactGen이라는 툴을 설치한다. 애플리케이션의 핵심 요소가 있는 뼈대 코드를 자동으로 빌드해주는 툴이다.

```
go get -u myitcv.io/react myitcv.io/react/cmd/reactGen
```

터미널을 열고 reactGen 폴더로 이동한다.

```
// 윈도우 환경:
cd %GOPATH%\src\myitcv.io\react\cmd\reactGen

// 다른 운영체제:
cd $GOPATH\src\myitcv.io\react\cmd\reactGen
```

go install 명령어를 실행한다. reactGen 툴을 빌드하고 %GOPATH%\bin 폴더에 배포한다. PATH 환경 변수에 경로가 설정됐는지 확인하라.

다음 명령어를 실행하면 reactGen이 제대로 설치됐는지 확인할 수 있다.

```
reactGen -help
```

reactGen이 정상적으로 설치됐으면 코드를 작성하자. 9-Isomorphic-Go 폴더 안에 reactproject라는 새로운 폴더를 생성한다. 터미널을 열고 해당 폴더로 이동한 뒤 다음 명령어를 실행한다.

```
reactGen -init minimal
```

리액트 애플리케이션의 뼈대 코드가 생성된다. 이 애플리케이션에는 4개의 파일이 있다.

- **main.go**: 애플리케이션의 진입점이다.
- **index.html**: 애플리케이션의 메인 페이지 html 파일이다.
- **app.go**: 리액트 애플리케이션의 App 컴포넌트다. 애플리케이션에서 가장 먼저 렌더링되는 컴포넌트다.
- **gen_App_reactGen.go**: app.go 파일에서 자동으로 생성된 파일이다. 모든

컴포넌트는 자동 생성된 코드로 변환된다. 컴포넌트가 작동하는 데 필요한 기본 코드가 생성된다. 자동 코드 변환 덕분에 props와 state, 엘리먼트 같은 리액트 컴포넌트 구성 요소를 작성하는 데 집중할 수 있다.

코드를 작성하기 전에 reactGen 툴이 app.go 파일에 정의한 App 컴포넌트를 살펴보자.

```go
// reactGen 생성한 템플릿
package main

import (
    "myitcv.io/react"
)

type AppDef struct {
    react.ComponentDef
}

func App() *AppElem {
    return buildAppElem()
}

func (a AppDef) Render() react.Element {
    return react.Div(nil,
        react.H1(nil,
            react.S("Hello World"),
        ),
        react.P(nil,
            react.S("This is my first GopherJS React App."),
        ),
    )
}
```

리액트 컴포넌트를 나타내는 AppDef라는 Go 구조체가 정의돼 있다. Go 구조체가 리액트 컴포넌트의 자격을 갖추려면 다음 세 가지 요건을 충족해야 한다.

- 구조체 이름 뒤에 `Def`가 붙는다.
- 구조체 내에 `react.ComponentDef` 타입을 포함한다.
- 구조체는 리액트의 `render()` 메서드에 해당하는 `Render()` 메서드를 구현한다.

리액트와 유사하게 `Render()`는 리액트 엘리먼트를 반환한다. `myitcv.io/react` 프레임워크는 리액트 엘리먼트를 만드는 함수를 제공한다. 위 코드에서 `Render()` 메서드가 반환하는 엘리먼트는 다음과 같다.

```
react.Div(nil,
    react.H1(nil,
        react.S("Hello World"),
    ),
    react.P(nil,
        react.S("This is my first GopherJS React App."),
    ),
)
```

위의 코드는 다음의 리액트 JSX와 같다.

```
<div>
    <h1>Hello World</h1>
    <p>This is my first GopherJS React App.</p>
</div>
```

각 JSX 엘리먼트는 Go의 `react.<엘리먼트 타입>` 함수에 해당한다. 총 세 개의 엘리먼트가 있는데, `<div>` 안에 두 개의 자식 엘리먼트가 있다. `react.Div(nil, ... other_elements)`의 첫 번째 인수는 엘리먼트의 props 객체다. 전달할 props 값이 없기 때문에 `nil`이다. `className`이라는 prop이 있다면 다음과 같이 수정한다.

```
react.Div(&react.DivProps{
    ClassName:"css_class_name"
}, ...other_elements)
```

두 번째 엘리먼트는 h1 엘리먼트다. react.H1(nil,react.S("Hello World"))의 첫
번째 인수는 props이고 react.S("")는 단순 문자열을 나타낸다.

세 번째 엘리먼트는 P 엘리먼트다.

```
react.P(nil, react.S("This is my first GopherJS React App."))
```

윈도우 환경이라면 다음과 같이 GOOS 환경 변수를 linux로 설정한다.

```
set GOOS=linux
```

터미널을 열고 reactproject 폴더에서 다음 명령어를 실행한다.

```
gopherjs serve
```

8080 포트에 리액트 애플리케이션이 실행된다. 브라우저에서 localhost:8080/<폴
더 경로>에 접속하면 다음과 같은 애플리케이션 화면을 볼 수 있다.

다음 절에서는 커스텀 컴포넌트를 작성한다.

커스텀 컴포넌트

reactproject 폴더 안에 hello_message라는 폴더를 만들고 hello_message.go 파일을 생성한다. 이 파일을 `hellomessage`라는 패키지로 선언한다.

```
package hellomessage
```

리액트 컴포넌트를 나타내는 Go 구조체를 정의한다.

```
import "myitcv.io/react"

type HelloMessageDef struct {
    react.ComponentDef
}
```

다음은 props를 나타내는 구조체를 정의한다. props의 모든 속성을 포함하는 일반 Go 구조체다. 앞서 설명했듯이 메시지 문자열을 저장한다.

```
// 명명 규칙은 *Props

type HelloMessageProps struct {
    Message string
}
```

state 객체 정의도 비슷하다. 리액트 state 객체의 속성을 모두 포함하는 Go 구조체를 정의한다. 현재 문자 입력창에 입력된 값과 이름 목록을 포함한다.

```
// 명명 규칙은 *State

type HelloMessageState struct {
    CurrName string
```

```
    Names []string
}
```

4장에서 설명했듯이 리액트 프레임워크는 state 객체의 값이 바뀔 때마다 컴포넌트를 다시 렌더링할지 결정한다. 앞에서 정의한 state 구조체에는 Go 슬라이스가 있기 때문에 현재 값과 새로운 값을 == 연산자로 비교할 수 없다. 따라서 리액트 객체의 변경 여부를 확인하는 함수를 정의하는 것이 좋다. 다음과 같이 HelloMessageState에 Equals 메서드를 추가한다.

```go
func (c HelloMessageState) Equals(v HelloMessageState) bool {
    // CurrName 현재 값과 새로운 값 비교
    if c.CurrName != v.CurrName {
        return false
    }
    // Names 현재 값과 새로운 값 비교
    /* 슬라이스를 비교하는 다양한 방법이 있지만 가장 간단한 방법을 사용한다.*/
    if len(c.Names) != len(v.Names) {
        return false
    }
    for i := range v.Names {
        if v.Names[i] != c.Names[i] {
            return false
        }
    }
    return true
}
```

터미널에서 **go generate** 명령어를 실행하면 컴포넌트의 나머지 부분을 작성하는 데 도움이 되는 코드가 생성된다. gen_HelloMessage_reactGen.go라는 새로운 파일이 생성된다. 이 파일은 수정하지 않는다.

생성된 파일에는 *HelloMessageElem이라는 새로운 자료형이 있다. 이 자료형은 컴포넌트의 리액트 엘리먼트를 나타낸다.

hello_message.go 파일로 돌아가서 컴포넌트의 생성자를 정의한다. 생성자의 매개변수는 props이고 리액트 엘리먼트를 반환한다.

```
func HelloMessage(p HelloMessageProps) *HelloMessageElem {
    fmt.Println("Building element...")
    return buildHelloMessageElem(p)
}
```

GopherJS를 사용해 이 코드를 자바스크립트로 컴파일하면 'Go 바인딩' 절에서 설명했듯이 fmt.Println()은 console.log()로 변환된다.

다음은 컴포넌트의 Render() 메서드를 정의한다. 이 메서드는 포인터형이 아닌 컴포넌트 Go 구조체에 정의한다. 다음과 같이 비어있는 메서드를 정의한다.

```
func (r HelloMessageDef) Render() react.Element {
    return nil
}
```

Render() 메서드에 추가해야 할 내용은 다음과 같다.

- 문자 입력창과 Submit 버튼이 있는 폼
- 현재 입력된 이름을 저장하는 변수
- 지금까지 입력된 이름 목록

화면 구성 요소를 다시 한 번 살펴보자.

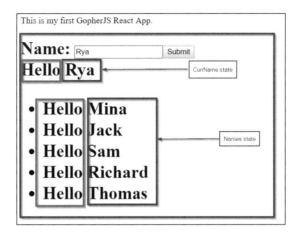

빨간색 직사각형은 state, 초록색 직사각형은 props, 파란색 직사각형은 전체 리액트 컴포넌트를 나타낸다(컬러 이미지를 다운로드하면 색상을 볼 수 있다. 참고로 위 그림에서 전체를 감싼 직사각형은 파란색으로 전체 리액트 컴포넌트를 나타내고, 왼쪽의 'Hello'를 감싼 직사각형은 초록색으로 props를 나타내며, 오른쪽 나머지 직사각형이 빨간색으로 state를 나타낸다 - 편집자).

Render() 메서드로 돌아가서 문자 입력창 엘리먼트를 추가하자. "Text" 타입의 HTML 입력 요소다.

```
InputName := react.Input(&react.InputProps{
    Type: "text",
    Key: "FirstName",
    Placeholder: "Mina",
    Value: r.State().CurrName,
    OnChange: r,
}, nil)
```

이 코드는 myitcv.io/react 패키지를 사용한 리액트 input 엘리먼트와 같다. 첫 번째 인수는 요소의 props이고 자식 요소가 없기 때문에 두 번째 인수는 nil이다. props는 JSX 포맷에서 사용한 것과 동일하다. 여기에는 다음과 같은 두 가지 주목할

만한 속성이 있다.

```
Value: r.State().CurrName,
OnChange: r,
```

Value 속성은 현재 입력창에 입력된 값이다. State 객체의 CurrName 속성 값을 Value에 설정하면 입력창은 현재 입력하는 값에 따라 변경될 것이 보장된다.

OnChange 속성은 입력창에 입력된 값이 변경될 때마다 수행되는 작업이다. OnChange(event) 메서드를 구현하는 타입을 가리킨다. r로 설정했기 때문에 다음과 같이 OnChange를 구현한다.

```go
func (r HelloMessageDef) OnChange(e *react.SyntheticEvent) {
    // "honnef.co/go/js/dom" 임포트
    // target = HTML 텍스트 입력
    target := e.Target().(*dom.HTMLInputElement)
    // 현재 state
    currState := r.State()
    // state에 현재 입력된 값과 지금까지 입력한 모든 이름을 저장
    r.SetState(HelloMessageState{CurrName: target.Value, Names: currState.Names})
}
```

위 코드는 자명하다.

- Go 리액트 프레임워크는 *react.SyntheticEvent 타입을 제공한다. OnChange 메서드에 전달되는 이벤트를 나타낸다.
- 입력창에 입력된 값을 읽는다.
- State() 메서드를 통해 현재 리액트 state를 읽는다.
- SetState() 메서드를 통해 리액트 state에 새로 입력된 값을 저장한다.

다시 Render() 메서드로 돌아가서 Submit 버튼 컴포넌트를 구현한다. 같은 HTML

입력 요소지만 타입이 "Submit"인 버튼이다. 이 버튼을 클릭하면 폼이 제출된다.

```
InputBtn := react.Input(&react.InputProps{
    Type: "Submit",
    Value: "Submit",
}, nil)
```

다음은 리액트 폼을 작성한다. 폼은 텍스트 입력과 버튼 요소의 부모 엘리먼트다. 이 엘리먼트에는 "Name:" 문자열도 있다.

Submit 버튼을 클릭하면 폼이 제출되는데, 보통 입력된 데이터를 서버로 보내 처리한다. 하지만 여기서는 데이터를 서버로 보내는 기본 작동 방식 대신 state 객체의 state.Names에 새로 입력된 이름을 추가한다.

폼 제출 로직을 구현하기 전에 먼저 Render() 메서드로 돌아가서 폼을 정의하자.

```
Form := react.Form(&react.FormProps{
        OnSubmit: r,
    },
    react.S("Name: "),
    InputName,
    InputBtn)
```

OnSubmit 리액트 폼 속성에 주목하자. Go 코드에서 폼 제출 시에 수행되는 작업을 설정하는 방법이다. OnSubmit 속성이 가리키는 타입은 반드시 OnSubmit(*react. SyntheticEvent) 메서드를 구현해야 한다. 다음과 같이 메서드를 작성한다.

```
func (r HelloMessageDef) OnSubmit(e *react.SyntheticEvent) {
    // 폼 제출 방지
    e.PreventDefault()
    // state 객체의 이름 목록에 새로운 이름을 추가한다.
```

```
    names := r.State().Names
    names = append(names, r.State().CurrName)
    /*
        현재 입력된 이름은 초기화하고 목록에 추가한다.
    */
    r.SetState(HelloMessageState{CurrName: "", Names: names})
}
```

Render() 메서드를 마무리하자. Render() 메서드의 나머지 작업은 다음과 같다.

- state 객체에서 저장된 이름 목록을 읽는다.
- 각 이름을 리스트 요소인 Li 요소로 변환한다.
- 다음 내용을 담은 Div 객체를 반환한다.
  - 정의된 폼
  - props에 저장된 문자열과 state 객체에 저장된 현재 입력된 이름의 조합
  - 입력된 모든 이름 목록

나머지 코드는 다음과 같다.

```
names := r.State().Names
fmt.Println(names)
entries := make([]react.RendersLi, len(names))
for i, name := range names {
    entries[i] = react.Li(nil, react.S(r.Props().Message+" "+name))
}
return react.Div(nil,
    Form,
    react.S(r.Props().Message+" "+r.State().CurrName),
    react.Ul(nil, entries...),
)
```

Render() 메서드의 구현은 다음과 같다.

```go
func (r HelloMessageDef) Render() react.Element {
    InputName := react.Input(&react.InputProps{
        Type: "text",
        Key: "FirstName",
        Placeholder: "Mina",
        Value: r.State().CurrName,
        OnChange: r,
    }, nil)

InputBtn := react.Input(&react.InputProps{
    Type: "Submit",
    Value: "Submit",
}, nil)

Form := react.Form(&react.FormProps{
        OnSubmit: r,
    },
    react.S("Name: "),
    InputName,
    InputBtn)
    names := r.State().Names
    fmt.Println(names)
    entries := make([]react.RendersLi, len(names))
    for i, name := range names {
        entries[i] = react.Li(nil, react.S(r.Props().Message+" "+name))
    }
    return react.Div(nil,
        Form,
            react.S(r.Props().Message+" "+r.State().CurrName),
            react.Ul(nil, entries...),
        )
}
```

이제 **go generate** 명령어를 실행하면 된다.

컴포넌트는 완성됐지만 아직 할 일이 더 남았다. app.go 파일의 **App** 컴포넌트에서 새로 만든 컴포넌트를 호출해야 한다. 이미 작성한 HelloMessage(p HelloMessageProps) *HelloMessageElem 생성자를 사용하면 된다. 이 생성자의 매개변수는 props이고 커스텀 컴포넌트의 리액트 엘리먼트를 반환한다. App 컴포넌트의 Render() 메서드를 다음과 같이 수정한다. props 객체에는 Message 필드가 있는데, 단순히 "Hello" 라는 문자열이다.

```go
func (a AppDef) Render() react.Element {
    /*
        제목과 문자열 컴포넌트를 포함하는 리액트 div 엘리먼트를 반환한다.
    */
    return react.Div(nil,
        react.P(nil,
            react.S("This is my first GopherJS React App."),
        ),
        react.H1(nil,
            hellomessage.HelloMessage(hellomessage.HelloMessageProps{Message:
"Hello"}),
        ),
    )
}
```

이로써 프로젝트가 완성됐다. 터미널을 열고 reactproject 폴더에서 gopherjs serve 를 실행한 후 브라우저에서 localhost:8080/<폴더 경로>에 접속하면 프로젝트를 볼 수 있다.

단순히 Go 리액트 프로젝트를 자바스크립트로 트랜스파일하고 싶다면 reactproject 폴더에서 gopherjs 명령어를 실행하면 된다. 프로젝트 폴더의 index.html에서 사용할 수 있는 reactproject.js가 생성된다. index.html 파일을 확인해보면 reactproject.js 라는 스크립트를 불러온다. 빌드 후에 브라우저에서 index.html 파일을 열면 애플리케이션이 정상적으로 작동할 것이다.

요약

9장에서는 Go 기반의 동형 애플리케이션을 개발했다. Go 코드를 자바스크립트 코드로 변환하는 데 알아야 할 내용을 살펴봤고, GopherJS의 Go 바인딩을 사용해 두 언어를 연결시키는 방법을 학습했다.

GopherJS 프레임워크를 사용해 프론트엔드와 백엔드 모두에서 자바스크립트와 호환하는 Go 애플리케이션을 구현했다. 동시성과 메서드 같은 중요한 주제도 소개했다. 나아가 Go 리액트 프레임워크를 사용해 Go 기반의 간단한 리액트 애플리케이션을 작성했다.

10장에서는 클라우드 네이티브 애플리케이션과 리액트 네이티브 프레임워크 같은 개발자의 기술력을 키울 수 있는 주제를 소개한다.

질문거리

1. 트랜스파일이란 무엇인가?
2. GopherJS란 무엇인가?
3. *js.Object형의 용도는 무엇인가?
4. js.Global 변수의 용도는 무엇인가?
5. js.Module 변수의 용도는 무엇인가?
6. js.MakeWrapper() 함수의 역할은 무엇인가?
7. Go 구조체 태그의 역할은 무엇인가?
8. Go 언어로 리액트 컴포넌트를 작성하는 단계를 설명하시오.

▌ 더 읽을거리

더 자세한 내용은 다음 링크를 참고하라.

- **GopherJS:** https://github.com/gopherjs/gopherjs
- **GopherJS와 리액트:** https://github.com/myitcv/x/tree/master/react/_doc
- **GopherJS 리액트 앱 개발:**

  https://github.com/myitcv/x/blob/master/react/_doc/creating_app.md
- **GopherJS 리액트 예제:** https://blog.myitcv.io/

클라우드 네이티브 애플리케이션과 리액트 네이티브 프레임워크

10장은 이 책의 마지막 장이다. 지금까지 Go 언어를 사용해 풀스택 웹 소프트웨어를 개발하는 데 필요한 많은 실용적인 주제를 살펴봤다. 10장에서는 개발 능력을 키우고 지식을 쌓는 데 도움이 될 몇 가지 기술을 소개한다. 10장에서 다루는 내용은 다음과 같다.

- 클라우드 네이티브 애플리케이션cloud native application
- 리액트 네이티브 프레임워크React Native framework

▍클라우드 네이티브 애플리케이션

클라우드 네이티브 애플리케이션은 증가하는 사용자 요구와 데이터에 따라 무한 확장 가능한 애플리케이션을 개발하는 개발자에게 매우 중요한 주제다. **클라우드 네이티브 애플리케이션**^{cloud native application}이란 확장 가능한 분산 인프라에서 실행되는 애플리케이션이다. 항상 이용할 수 있고 신뢰할 수 있으며, 업데이트를 실시간으로 반영할 수 있어야 한다. 또한 부하로 인해 오작동하지 않아야 한다. 일반적으로 이중화와 로드 밸런싱 등의 다양한 기술에 의존한다. 클라우드 네이티브 애플리케이션은 절대 가벼운 주제가 아니다. 이 주제로 책 한 권을 써도 모자랄 것이다. 대신 클라우드 네이티브 애플리케이션을 개발하는 데 사용되는 몇 가지 중요한 핵심 기술을 소개한다.

클라우드 네이티브 애플리케이션은 항상 AWS나 Azure 같은 클라우드에 배포되는 것은 아니다. 기업의 내부 인프라에서 실행할 수 있다.

클라우드 네이티브 애플리케이션에서 중요한 개념인 마이크로서비스^{microservice}와 컨테이너, 서버리스 애플리케이션, 지속적인 배포^{continuous delivery}를 알아보자.

마이크로서비스

현대 소프트웨어에서 마이크로서비스는 관심이 높은 주제다. 마이크로서비스는 애플리케이션을 여러 개의 독립적인 소프트웨어 서비스로 나누는 개념이다. 즉, 다양한 작업을 혼자 처리하는 한 개의 애플리케이션 대신 작업별로 마이크로서비스가 있는 구조다. 이런 구조는 확장성이 높다.

마이크로서비스의 개념은 모든 작업을 같은 곳에 정의하는 모놀리식^{monolithic, 단일체} 애플리케이션 방식과는 정반대의 개념이다.

다음 예는 모놀리식 방식의 이벤트 부킹 애플리케이션이다.

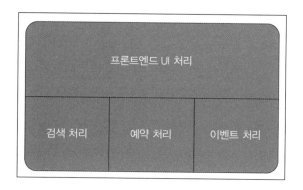

같은 애플리케이션을 마이크로서비스 애플리케이션으로 만들면 다음과 같다.

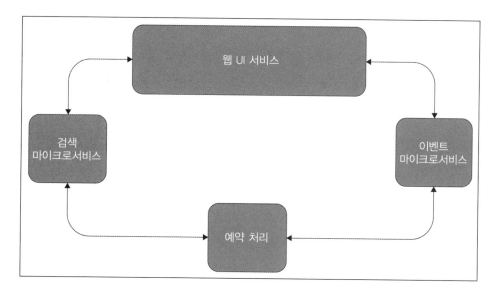

위 다이어그램의 각 블록은 특정 작업을 처리하는 마이크로서비스를 나타낸다.

마이크로서비스를 여러 서버 노드에 분산하면 로드 밸런싱 효과가 생긴다. 나아가 마이크로서비스를 이중화하면 한 서비스가 중단되더라도 아무 일 없던 것처럼 다른 서비스가 작업을 이어받는다. 이중화는 패치와 업데이트를 배포할 때도 매우 유용하다.

다음은 애플리케이션을 항상 이용할 수 있는 상태로 유지하고자 마이크로서비스를

이중화한 구조를 나타내는 다이어그램이다. 점검으로 인해 서비스 중 하나가 중단
되거나 고장 나면 다른 서비스가 이어서 처리한다.

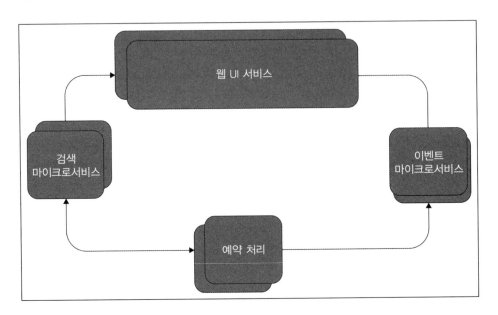

마이크로서비스가 높은 확장성과 유연성을 제공하지만 장기적으로 마이크로서비스
가 수백, 수천 개까지 늘어나면 관리가 매우 어려워진다. 특수한 모니터링 툴을 사
용해 정상적으로 작동 중인지 확인해야 한다.

이제 컨테이너의 개념을 알아보자.

컨테이너

컨테이너는 비교적 새로운 기술이지만 이미 클라우드 네이티브 애플리케이션 분야
에서 핵심적인 인프라 소프트웨어로 성장했다. 컨테이너를 사용하면 소프트웨어를
격리된 사용자 환경이나 컨테이너에서 실행할 수 있다.

컨테이너는 마이크로서비스 구성과 환경 변수, 종속 라이브러리, 런타임, 서비스에

필요한 기타 파일이나 설정이 모두 포함된 격리 공간에서 마이크로서비스를 실행할 수 있기 때문에 마이크로서비스를 배포하고 실행하는 데 매우 유용하다.

개발자는 컨테이너를 사용해 여러 개의 독립적인 서비스를 같은 서버 노드에 배포하고 서로 전혀 영향을 주지 않으며 실행할 수 있다. 나아가 마이크로서비스 실행에 필요한 모든 것을 포함하는 컨테이너 이미지를 사용해 쉽게 배포하고 실행할 수 있다. 컨테이너는 마이크로서비스뿐만 아니라 데이터베이스 엔진 같은 컨테이너 환경에 적합한 어떤 소프트웨어와도 사용할 수 있다. 예를 들어 컨테이너 이미지를 사용해 MySQL을 간편하게 배포하고 실행할 수 있다. 요즘 가장 인기 있는 컨테이너 기술로는 도커^{Docker}가 있다(https://www.docker.com).

다음은 서버 노드에서 여러 컨테이너를 실행하는 예다.

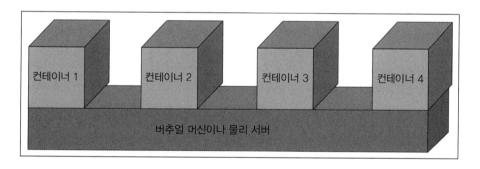

이제 서버리스 애플리케이션^{serverless application}이란 무엇인지 알아보자.

서버리스 애플리케이션

서버리스 애플리케이션 역시 클라우드 네이티브 애플리케이션 분야에서 비교적 새로운 기술이다. 서버리스 애플리케이션은 보통 연속적으로 실행될 필요가 없는 작업에 적합하다. 서버리스 애플리케이션의 개념을 제대로 이해하려면 다음 예를 살펴보자.

아마존사의 AWS Lambda(https://aws.amazon.com/lambda/) 서비스는 전 세계의 수많은 애플리케이션이 사용하는 서비스다. 사용자는 이 서비스를 통해 특정 작업을 수행하는 함수를 원격으로 호출할 수 있다. 즉, AWS Lambda에 코드를 실행하도록 요청하는 것이다. 실행이 끝나면 결과를 반환한다. 진행 상태를 공유하지는 않는다. AWS Lambda에서 실행되는 코드와 함수는 사용자가 제공한다.

서버리스 애플리케이션은 간헐적인 작업을 수행하는 데 AWS Lambda 같은 서비스를 사용한다. 간헐적 작업을 수행하는 서비스를 항상 사용할 수 있는 상태로 유지할 필요가 없기 때문에 애플리케이션의 확장성을 높인다. AWS Lambda 같은 서비스를 FaaS^Function as a Service라고도 부른다.

다음은 일부 서비스를 함수로 대체한 애플리케이션의 예다.

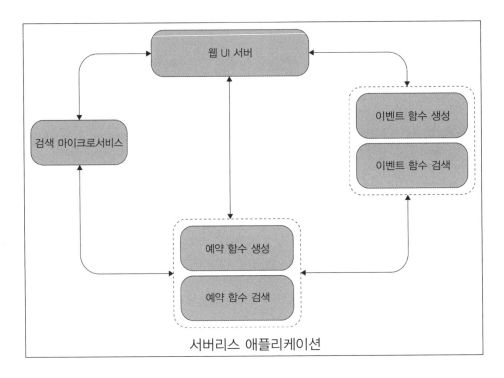

계속해서 지속적인 배포^continuous delivery가 무엇인지 알아보자.

지속적인 배포

지속적인 배포란 빠르고 짧은 주기로 소프트웨어를 배포하는 것을 의미한다. 소프트웨어의 개선과 수정 사항을 끊임없이 배포하고 효율적이며 지속적으로 소프트웨어의 질을 향상시킬 수 있다.

지속적인 배포는 단순히 소프트웨어 툴 사용에 대한 문제가 아닌 조직 전체가 따라야 하는 사고방식을 포함한다. 수정 사항을 신속하게 빌드, 테스트, 배포할 수 있는 프로세스가 필요하다.

지속적인 배포는 클라우드 네이티브 애플리케이션을 개발하고 운영하는 조직에 매우 실용적이고 효과적인 것이 입증됐다. 운영 환경의 소프트웨어를 망가트리지 않는 수준의 추가 수정 사항을 빠르게 반영할 수 있기 때문이다. 이 과정의 최대한 많은 부분을 자동화하면 장점을 극대화할 수 있다.

모바일 앱 개발 분야에서 많은 인기를 끌고 있는 리액트 네이티브 프레임워크React Native Framework를 살펴보자.

▌ 리액트 네이티브 프레임워크

이 책에서 리액트 앱을 처음부터 설계하고 작성하는 방법을 학습했다. 최신 소프트웨어 개발에서 매우 중요한 스킬이다. 인터넷에서 가장 사용자가 많은 일부 웹 사이트가 리액트를 기반으로 한다. 리액트의 또 다른 장점은 리액트 네이티브를 사용해 크로스플랫폼 모바일 애플리케이션을 개발할 때 리액트에 대한 지식과 개발 경험이 큰 도움이 된다는 점이다.

리액트 네이티브란?

리액트 네이티브(https://facebook.github.io/react-native/)는 페이스북에서 개발한 오픈소스 프로젝트다. 리액트 네이티브를 사용하면 리액트 프레임워크를 기반으로 안드로이드와 iOS 환경을 지원하는 크로스플랫폼 모바일 애플리케이션을 개발할 수 있다. 리액트 프레임워크는 매우 인기 있는 프레임워크로, 다양한 조직에서 모바일 앱을 개발하는 데 사용한다.

리액트 네이티브의 가장 큰 장점은 대부분의 코드가 안드로이드와 iOS 기기 모두에서 동작한다는 점이다. 기기별로 다른 코드를 작성하지 않아도 된다는 뜻이다. 또 다른 장점은 대상 플랫폼의 네이티브 API를 사용한다는 점이다. 다른 자바스크립트 모바일 프레임워크로 작성한 애플리케이션보다 리액트 네이티브 기반 애플리케이션의 성능이 높은 이유다.

다음 절에서는 리액트와 리액트 네이티브의 차이점을 살펴본다.

리액트와 리액트 네이티브

두 프레임워크 모두 리액트라는 이름이 들어가지만 다른 부분이 있다. 먼저 유사성을 알아보고 차이점을 살펴보자.

리액트와 리액트 네이티브 사이의 유사성

리액트와 리액트 네이티브 사이의 유사성은 다음과 같다.

- 자바스크립트 ES6를 사용한다.
- render() 메서드가 있는 리액트 컴포넌트를 사용한다.
- 리액트 엘리먼트를 사용한다.
- JSX를 사용해 비주얼 엘리먼트를 생성한다.

리액트와 리액트 네이티브 사이의 차이점

리액트와 리액트 네이티브의 차이점은 다음과 같다.

- 리액트 네이티브는 고유한 특수 JSX 구문을 사용해 UI 컴포넌트를 생성한다. 기본적으로 CSS와 HTML는 사용하지 않는다.
- 리액트 네이티브는 특수한 라이브러리를 통해 모바일 기기와 상호작용한다. 예를 들어 기기의 카메라와 가속도 센서를 제어하려면 리액트 네이티브용 패키지가 필요하다.
- 리액트 네이티브 앱은 모바일 기기에서 실행되기 때문에 배포하는 방식이 다르다.

엑스포

엑스포Expo(https://expo.io/)는 리액트 네이티브 모바일 애플리케이션을 쉽게 개발할 수 있는 인기 있는 오픈소스 툴체인이다. 카메라 액세스, 파일 시스템이나 푸시 알림과 같은 중요한 기능을 포함하는 SDK를 제공한다. 엑스포는 리액트 네이티브 애플리케이션 개발을 시작하는 초보자에게 좋은 시작점이다.

▌요약

10장에서는 몇 가지 최신 기술을 살펴봤다. 애플리케이션의 안정성과 확장성의 필요성이 늘어나면서 클라우드 네이티브 애플리케이션의 인기가 더 높아지고 있다.

리액트 네이티브는 높은 성능의 크로스플랫폼 모바일 애플리케이션 개발에 적합한 프레임워크다.

이 책에서 많은 것을 배웠기를 바란다. Go 기반 풀스택 애플리케이션 개발에 도움이 됐으면 좋겠다.

▌ 질문거리

1. 클라우드 네이티브 애플리케이션이란?
2. 클라우드 네이티브 애플리케이션은 클라우드에 배포해야 하는가?
3. 마이크로서비스란 무엇인가?
4. 컨테이너란 무엇인가?
5. 도커의 역할은 무엇인가?
6. 서버리스 애플리케이션이란 무엇인가?
7. 리액트 네이티브란?
8. 엑스포의 역할은 무엇인가?

| 찾아보기 |

Go 풀스택 웹 개발

Go와 리액트, Gin, GopherJS을 사용한 풀스택 웹 프로그래밍

발 행 | 2020년 3월 26일

지은이 | 미나 안드라오스
옮긴이 | 이 우 현

펴낸이 | 권 성 준
편집장 | 황 영 주
편 집 | 조 유 나
         이 지 은
디자인 | 송 서 연

에이콘출판주식회사
서울특별시 양천구 국회대로 287 (목동)
전화 02-2653-7600, 팩스 02-2653-0433
www.acornpub.co.kr / editor@acornpub.co.kr

이 도서의 국립중앙도서관 출판시도서목록(CIP)은 서지정보유통지원시스템 홈페이지(http://seoji.nl.go.kr)와
국가자료공동목록시스템(http://www.nl.go.kr/kolisnet)에서 이용하실 수 있습니다.(CIP제어번호: CIP2020011288)

책값은 뒤표지에 있습니다.